HERZBUCH
Freundschaft
Hrsg. Marie Rossi, Elbverlag

Wenn ich nicht die Mama wäre, möcht' ich deine Freundin sein!

Gute Besserung

1.12.15

www.elbverlag.de

Bibliographische Information der Deutschen Nationalbibliothek:
Die Deutsche Nationalbibliothek verzeichnet diese Publikation
in der Deutschen Nationalbibliografie; detaillierte bibliografische
Daten sind im Internet über: http://www.d-nb.de abrufbar.

Originalausgabe November 2015

© Rechte für die Einzeltexte liegen bei den Autoren
© Rechte für das Foto Hotel Langenwaldsee liegen bei diesem Hotel
© Umschlag- und Buchrechte bei Elbverlag Marie Rossi, Magdeburg

Nachdruck, auch auszugsweise, oder die Verwendung in anderen Medien
ist ohne eine ausdrückliche Genehmigung durch
die Verlegerin nicht gestattet.

Umschlag/Homepage: Ronny Wegler, Videographer
Buchlayout: Marie Rossi, Heinz-Georg Barth, Elbverlag Magdeburg

Buch- und Umschlagdruck: docupoint GmbH
Otto-von-Guericke-Allee 14
39179 Barleben

www.docupoint-md.de

ISBN: 978-3-941127-35-7

Herzbuch
Freundschaft

eine Anthologie mit Geschichten,
Haiku, Elfchen und Gedichten von
> 100 Autorinnen und Autoren
aus sechs Ländern

im Elbverlag Magdeburg herausgegeben

von Marie Rossi

Dieses Buch wurde im handlich leichten DIN A 5 Taschenbuchformat
erstellt für viel Text auf wenigen Seiten

Vorwort

Das **3. Herzbuch** heißt **Freundschaft**. In aller Freundschaft möchten wir es heute veröffentlichen. Wir freuen uns über hervorragende Autorinnen und Autoren, die ihre Herzbluttexte hierzu geschrieben haben.
Sehr brisant äußerte der deutsche Philosoph Ludwig Feuerbach einmal: „Es geht uns mit Büchern wie mit den Menschen. Wir machen zwar viele Bekanntschaften, aber nur wenige erwählen wir zu unseren Freunden."
Möge das Herzbuch **Freundschaft** zu einem unserer Freunde werden.
„Wirklich gute Freunde sind Menschen, die uns ganz genau kennen, und trotzdem zu uns halten", weiß nicht allein die österreichische Dichterin Marie von Ebner-Eschenbach. Auch Autor Michael Starcke mit seiner Hommage „An den Freund" und Simon Mihelic im Gedicht „Freunde fürs Leben" sehen es so. Freundschaft ist „Seelenverbundenheit" schreibt Lyrikerin Birgitta Zörner. Eine Freundschaft kommt zuweilen „Aus dem Nichts", lesen wir in lebendiger Abfolge bei Autor Ronald Pacholski. Doch dann halten wir fassungslos inne, als wir von den Schicksalen Djamilas, „Dalya aus Aleppo" bei Mara Raabe oder Ayla in „Was zählt" von Melanie Scharley erfahren. Gern möchten wir die drei Frauen in die Arme nehmen, ihnen Mut zusprechen, von unserem Glück ein wenig abgeben. Ja, sogar unsere Freundschaft anbieten. Aber eine Freundschaft kann auch „Zwei gebrochene Herzen" wie bei Autorin Stefanie Linz hinterlassen. Zu „Eine wahre Freundin" von Poetin Inge Schramm und „Wichtige Freundschaft" bei Werner Siepler, veranschaulicht auch Sandra Schmidt „Freundschaft ist für mich..." Sie ist etwas Großartiges, das man gut pflegen muss. Nichts im Leben ist so unentbehrlich wie die Freundschaft.

Unser großer Dank gilt allen Autorinnen und Autoren,
für ihre Texte zum weitläufigen Thema „Freundschaft",
dem Historiker Dr. Uwe Niedersen
für seinen geschichtlich spannenden Text auf der Buchklappe
sowie dem Videographer Ronny Wegler.

Elbverlag, das Herzbuch Freundschaft im Jahr 2015

Seite, Titel	Autorenname
10 Freundschaft	Melanie Vormschlag
10 ein Haiku	Tommy Zeidler
11 Djamila, oder das Wertvollste…	Marie Rossi
16 Freundschaft	Gabriele Bonk
17 Das starke Band, das uns …	Heike Berndt
20 Annies Kette	Regina Pönnighaus
22 Ich bin ein Wassertropfen …	Manuela Junker
23 Freundschaft?	Inge Wrobel
23 ein Elfchen	Barbara Otte
24 Dalya aus Aleppo	Mara Raabe
25 ein Haiku	Deborah Karl-Brandt
26 Wir haben uns erst gestern …	Rosmarie Gröger
27 Zeitlos …	Renate Düpmann
28 Der steinige Weg zur …	Gianna Goldenbaum
30 Ich bin Du und Du bist Ich	Udo Brückmann
31 Freunde	Dragica Schröder
32 Wenn aus Freundschaft Liebe…	Alayna A. Groß
34 Zwischenhoch im November	Bettina Schneider
36 Schneemanns Nase	Ulrich Lanin
37 Freundschaft in der Krise	Waltraud Klaukin
38 Eine Geschichte, die das …	Edith Maria Bürger
40 Nicht jedermanns Sache	Ursula Lübken-Escherlor
42 Was ich gesucht und endlich …	Barbara Otte
43 Verbunden	Dorothea Möller
43 Freundschaft	Sieglinde Seiler
44 Einem anonymen Facebook …	Karen Plate-Buchner
44 ein Elfchen	Ingrid Semmelmann
45 Liebe zerronnen …	Sacrydecs
46 Auf dem Bahnhof	Uschi Hörtig-Votteler
47 Manchmal brauchen wir	Lieselotte Degenhardt
48 PIA	Christiane Spiekermann
49 Intention und Geist. Alle	David Rebmann
50 Mein Freund Markus	Angie Pfeiffer

51	An den Freund	Michael Starcke
52	Döner Dancing	Heike Albertz
54	Schaut mal vorbei!	Regina Berger
56	Über die Freundschaft	Heidemarie Opfinger
57	ein Haiku	Ingrid Semmelmann
58	Mein bester Freund	Antje Steffen
59	Ein Kind Gottes	Ingrid Baumgart-Fütterer
60	Antwort auf eine nicht …	Michaela Piontek
61	Blätter meines Baumes	Sonja Rabaza
62	Unsere liebsten Freunde	Christine Kayser
64	Mein Freund	Dani Karl-Lorenz
65	Freundschaft mit Hindernissen	Susanne Zetzl
67	ein Elfchen	Fatma Şentürk
67	ein Haiku	Wolfgang Rödig
68	Nie wieder Kaffee	Iris Köhler-Terz
72	Zeit.Gleich	Petra Rusche
74	Beste Freunde	Anja Kubica
75	Eifriger Trost	Josef Schenk
76	Verzeihung, Freundschaft …	Doris Giesler
78	In Korrespondenz	Anita Schmuck-López
79	Ich weiß du bist da	Kerstin Gramelsberger
80	Freunde bleiben	Nicole Kovanda
82	Freundschaft	Angelika Pöhlmann
83	Blind Date	Karsten Beuchert
85	Von der Freundschaft	Susanne Rzymbowski
86	Freundschaft ist für mich …	Sandra Schmidt
87	Dicke Freunde	Margret Küllmar
87	Aussicht	Renate Maria Riehemann
88	Parkbank-Freunde	Andrea Kreiner
89	ein Haiku	Nicole Schnetzke
90	Bist du meine Freundin?	Inga Kess
91	Als ich	Ingeborg Henrichs
92	Abwegige Wege der …	Kim Walter
93	Die Steine	Sonja Bäßler
94	Manuel und Jacob	Sabine Siebert

96	Freundschaftsbande	Elfriede Weber
97	Eine wahre Freundin	Inge Schramm
98	In guten wie in schweren …	Stefanie Heggenberger
100	Weggefährte	Deborah Rosen
100	Danke, dass es dich …	Kathrin Strobl
101	Rabe und Taube	Ulrike Demuth
103	Spiele der Erwachsenen	Eva Beylich
104	Mit mir	Bibi Bellinda
105	Ein gutes Team	Liliana Kremsner
106	Weil wir Freunde sind	Alexander Groth
106	Eine Freundschaft an der Elbe	Rosemarie C. Barth
107	Danke	Brigitte Wagner
107	Freundin	Andrea Lutz
108	Neunundvierzig Zentimeter	Johanna Sibera
110	Wichtige Freundschaft	Werner Siepler
111	Zwei gebrochene Herzen	Stefanie Linz
113	Meditation Freundschaft	Irene Barthel
114	Seelenverbundenheit	Birgitta Zörner
115	Diary Night	Beatrix Mittermann
117	Freunde	Andreas Glanz
118	Sprechen Sie täglich mit fünf …	Alexandra Leicht
120	Regenbogenbrücke	Miriam Elena Sipala
121	Wir Drei	Tatjana Münster
122	Zerregnet	Ronny Gempe
124	Entgegnung	Jan Stechpalm
125	Mann und Hund - ein …	Susann Scherschel-Peters
127	Freunde fürs Leben	Simon Mihelic
128	Clemens und Clementine	Ute Esther Barsley
130	Mia Sorella	Marlies Strübbe-Tewes
131	Gemeinsam	Bastian Jung
132	Wie aus dem Nichts	Ronald Pacholski
134	Eine Freundschaft braucht …	Susanne Weinsanto
136	Was zählt	Melanie Scharley
138	Freundschaft	Philipp Studer
139	Für Pia	Gabriele Franke

140 Der kleine Ball — Elfie Nadolny
142 Danke — Anita Menger
143 Rosen — Edelgunde Eidtner
144 Freundschaft — Betti Fichtl
144 Zum ersten Mal — Hildegard Kühne
145 Meine Lieblinge — Marcel Strömer
146 Tod oder Leben? — Sylvia Retter
147 Gespürtes Glück (Vertrauen) — Daniela Metzner
148 Erdacht — Andrea Rokyta
150 Vier Freunde — Anna Bochmann
151 Freundschaft ist, wenn du … — Stephanie Werner
152 Für die Michi — Florian Brunner

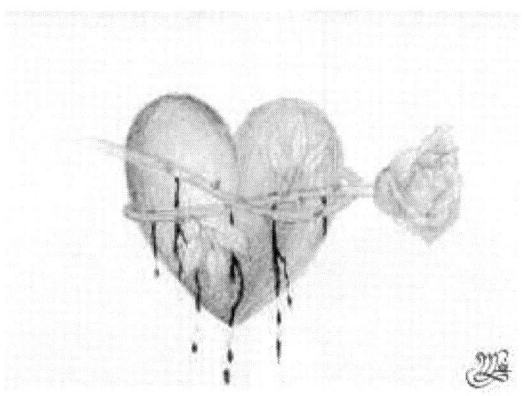

In Freudenstadt / Schwarzwald

"Aufatmen am See"

Grüß Gott im **Hotel Langenwaldsee** in **Freudenstadt** im Schwarzwald.

Den Puls des eigenen Herzens fühlen. Ruhe im Innern, Ruhe im Äußern. Wieder Atem holen lernen, das ist es. (Christian Morgenstern)

...vielleicht ahnte schon der Dichter, was Sie hier bei uns finden können!

Eingebettet in **Freudenstadts** Wälder ist das **Hotel Langenwaldsee** Ihr einzigartiger Platz für Erholung, Schwarzwälder Gaumengenüsse, für Rückzug und Wohlfühl-Wellness-Erlebnisse besonderer Art. Der Tradition bewusst bietet es Ihnen alles, was Sie Aufatmen und Beleben lässt.

Sattes Grün erwartet Sie. Der blau-weiße Himmel spiegelt sich im stillen See. Leises Rauschen geht durch die hohen Tannen. Hier atmen Sie die berühmte klare Schwarzwaldluft. Vogelgezwitscher lässt Sie spüren:
... Sie sind am Ziel, herrliche Urlaubstage liegen vor Ihnen.

„Hand und Herz" gemischt mit „Lust und Liebe" der Menschen des Langenwaldsees schaffen ein behagliches Miteinander, das den Gast zum Freund werden lässt. Freude und Achtsamkeit sind hier einzigartig und zeichnen die hohe Gastlichkeit aus. Seien Sie uns herzlich Willkommen!

Freundschaft
von
Melanie Vormschlag

Jeder hat sie.
Freunde.
Es beginnt in der Krabbelgruppe, im Kindergarten, in der Grundschule.
Manche wohnen in der gleichen Straße, manche im Nebenort, manche ziehen weit weg oder gehen in ein anderes Land.
Du spielst mit ihnen jeden Nachmittag, gehst am Wochenende mit ihnen feiern, telefonierst stundenlang oder triffst dich abends zum Quatschen.
Urlaubsreisen, Umzüge, Hochzeitsfeiern – man erlebt viel mit seinen Freunden.

Doch wie stark und echt diese Freundschaft ist, erfährst du meistens erst in Krisensituationen.
Denn dann sind deine wahren Freunde immer noch für dich da.
Sie können verzeihen, dich wieder aufbauen, dir Unterstützung geben, dich halten.
Sie akzeptieren dich so wie du bist und lassen dich nicht allein.
Und du weißt, es kommen auch wieder fröhliche Zeiten, in denen ihr gemeinsam Spaß habt und du vielleicht auch mal irgendwann für sie da sein musst.
Es ist ein Geben und Nehmen.

Ich danke euch dafür!

Tommy Zeidler

Zwei junge Typen.
In der Schule befreundet
Jetzt ein süßes Paar.

Djamila,
oder
Das Wertvollste, was der Mensch besitzt ...

Marie Rossi

Wo bin ich? Was mache ich hier? Unscharf erkenne ich grün, viel Grün. Eine Klinik - durchzuckt es mich. Bin ich im Krankenhaus? Lebe ich noch? Wer hat mich gefunden? Ich blinzele aus einem Auge. Es fällt mir schwer. Wieso ist mir so schlecht? Ich muss mich übergeben. Die Schlaftabletten.
„Frau Rubin, hören Sie mich?", ruft jemand. Wer ist das? Wo bin ich? Schlafen, schlafen, für immer.
„Frau Rubin, Ditte! Hören Sie?"
Ich werde unsanft gerüttelt. Alles grün. Da! Jetzt ein helles Gesicht. Ein Mann, eine Frau? Ich weiß nicht. Ein Brechreiz hält mich wach. Jemand dreht meinen Kopf und hält ihn an eine Schale. Ist mir übel. Nun bin ich wach, will es aber nicht sein und schließe die Augen.
„Hallo! Sie, Frau Rubin, wie geht's Ihnen? Reden Sie! Ein Wort, bitte."
Was gehen die mich an. Ich stelle mich schlafend. Leider klappt es nicht, wie ich will, alles holt mich wieder ein. Ich bin am Ende! Dreißig Tabletten, die mir helfen sollten. Sonst konnte das niemand.
Unverkennbar höre ich die zynische Stimme meines Chefs: „Ich muss Sie auffordern, zu kündigen. Sie sind unfähig, eine Fehlbesetzung!" Nie hätte ich geglaubt, dass mir das passieren könnte. Stets war ich mit allen gut ausgekommen, fand Freunde in der Schule, in der Lehre, auf der ersten Arbeitsstelle. Das änderte sich abrupt, als ich meinen neuen Job als Bürokauffrau antrat.
„Frau Rubin, ich brauche Blut von Ihnen. Tut mir leid, dass ich Sie wecke." Eine Schwester fummelt an mir. Dann reißt die Tür auf, eine Frau in Arztrobe tritt zu mir ans Bett: „Guten Tag, Frau Rubin, jetzt hören Sie mich, ja? Ich bin Inga May, Ärztin und Psychologin an der Klinik. Darf ich Ditte zu Ihnen sagen? Sie sind meiner Tochter Lea ähnlich. Und Ihren Namen find' ich toll. Ich denk' da an mein Lieblingsbuch von Nexö."
„Sagen Sie, was Sie wollen." Wieso ist die hier? Für eine Moralpredigt? Wird gleich wie Ostrowski reden: ‚Das Wertvollste, was der Mensch besitzt, ist das Leben, es wird ihm nur ein einziges Mal gegeben...' So was will sie! Das hör ich mir nicht an. Ich stelle mich taub.

„Ditte, ich verstehe Sie, weil ich's selbst erlebt habe. Ich war tief unten. In der Südklinik ist's mir passiert. Aber, ich hab das ausgekämpft."
„Lassen Sie mich schlafen!" Sie soll gehen, kann mir nicht helfen. Tatsache, die Psychotante geht. Aber nicht ohne mein Gesicht zu tätscheln. Zumindest hat sie verstanden, sie kann für mich nichts tun.
Damals. Mein erster Tag in der neuen Firma. Ich fühlte mich sehr geehrt, als der Chef Herr Kamp sich für mich entschieden hatte. Viele wollten den Job der Bürokauffrau mit Aufstiegschance zur Marketingassistentin. Und ich bekam ihn! Kaum hatte ich mich in mein Fach eingearbeitet, besuchte ich in der Euroschule Kurse für Firmenmarketing. Herr Kamp war von meinem Eifer begeistert und finanzierte alle Seminare.
Ich war so gefesselt von der Arbeit, dass ich Andeutungen wie: „Unsere Neue ist eine total Ehrgeizige, will hier hübsch Karriere machen", völlig überhörte. Sechs Monate später wurde ich zur Marketingassistentin befördert. Ich war so stolz, dass mir die Luft wegblieb, als der Chef mir gratulierte. Dann gingen die Sticheleien fieser los! Die Kollegen zeigten sich noch distanzierter als vorher...
Gedankenverloren zucke ich auf. „Ditte, was machst du nur für Sachen? Kann ich dich nicht allein lassen? Wie geht's dir? Wie konntest du?"
Djamila, meine Freundin, fällt mir heftig um den Hals.
Ich heule. Verdammt, wieso? Nichts gibt's zu bedauern, ich steh dazu! Ich will sterben, weil ich keinen Ausweg sehe. Es ist mir nicht gelungen. Wer zum Teufel hat mich gehindert? Ich heule hemmungslos.
„Wäre ich bloß nicht zum Persischen Konzert nach Köln gefahren. Ditte, ich mach mir Vorwürfe, aber das Konzert meiner Landsleute, ich wollte wieder Heimat spüren ..." Djamila umschlingt meine Hand und klagt: „Hätte ich geahnt, was du tust. Immer warst du so stark, nichts hat dich umgehauen. Wie habe ich dich bewundert." Nun hat sie sich an meinen Arm gekrallt, dass es schmerzt. „Au!", schreie ich und denke, mich hat sie bewundert? Quatsch! Sie soll gehen. Ich hab nichts zu sagen. Hatte mich Djamila anvertraut, fühlte aber, wirklich ernst nahm sie das nicht. Jetzt lamentiert sie, wäre ich tot, brauchte ich mir das nicht anhören.
Es dauerte nicht lange, da gifteten mich in der Firma alle an. Kam ich ins Büro, verstummten die Kollegen, sahen ins Leere, als gäbe es mich nicht. Wesentliche Infos enthielten sie mir vor, meinen Namen löschten sie heimlich aus dem Verteiler. Bald verschärfte sich die Lage. Dringliche Termine hatte ich nicht erhalten, konnte so den Fristen nicht folgen. Meetings platzten. Der Chef bekam es mit, der Ärger war groß. Nur mü-

hevoll konnte ich Herrn Kamp überzeugen, dass ich nicht schuld war an den gescheiterten Terminen. An diesem Abend wusste ich, irgendjemand wollte mir ernsthaft schaden. Hatte ich Feinde? Abscheulich fand ich den Gedanken. Da rief glücklicherweise Djamila an.
Verschreckt fahre ich auf. „Stell dir vor Ditte, wenn wir nicht gleich nach dem Konzert zurückgefahren wären. Mädel, gestern hab' ich dich noch rechtzeitig gefun..."
Ich plärre so laut, dass Djamila erstarrt und mitten im Satz aufhört zu reden. Sie war es! Sie ist schuld. Nun lieg ich hier und muss mich quälen. Das nennt sich Freundin? Wieso hat sie mich nicht in Ruhe gelassen? Ich - einzig allein ich - entscheide über mein Leben, nicht Djamila. Sie hat nichts auszustehen. Den tollen Mann, ihren süßen Sohn, ein Job, der sie ausfüllt. Auf der Sonnenseite lebt sie, und ich? Sie hat keine Ahnung...
Die Tür springt auf und Inga May strahlt: „Tag, Ditte, ich störe wohl? Sie haben Besuch. Grüß Sie, Djamila, prima, dass Sie wieder da sind. Ich komm später noch mal."
„*Wieder* da sind? Woher kennst du die Psychofrau?", frage ich Djamila, weil ich es abwegig finde, dass sich zwei in mein Leben, das ich wohl oder übel noch habe, mischen.
„Dr. May kam als Notärztin in deine Wohnung. Du lagst starr auf dem Teppich. Ich hab die Rettung gerufen, sie hatte zum Glück Bereitschaft!"
„Was wollt ihr von mir? Habt ihr nicht mitgekriegt, was ich getan habe? Ich bin am Ende!"
„Es gibt einen Ausweg, lass dir helfen! Du hast kein Recht, dein Leben wegzuwerfen. Denk an mein Heimatland. Meine Landsleute dürfen nicht über ihr Leben entscheiden. Das tut der Krieg für sie! Und ich trage ihre Angst tief in mir mit." Djamilas schwarze Augen füllen sich mit Tränen.
Ich schäme mich, hör mich dennoch sagen: „Djamila. Ich hab's dir oft erzählt. Du hast's nicht... wie Mobbing? Du hast es nicht geglaubt, hast sogar geschmunzelt. Ich habe das genau gesehen."
„Aber Ditte, nein!" Djamila schüttelt forsch den Kopf, dass ihr schwarzer Zopf energisch wippt und ins tränenfeuchte Gesicht peitscht.
„Doch, duuu hast! Du mit deinen Glückssträhnen, was weißt du schon? Lass mich schlafen."
„Glückssträhnen, ich? Ich sorg mich um mein Volk, das da im Krieg ..."
Djamilas Worte ersticken in Tränen, als sie mich ohnmächtig fragt: „br... brauchst du irgendwas?"
Beschämt ziehe ich mir die Decke über den Kopf.

Als Djamila damals nach ihrem Anruf kam, riet sie mir: „Du musst mit dem Chef reden. Im Beisein aller Kollegen, wer weiß, was passiert, wenn du nichts tust. Herr Kamp wird dich verstehen. Ich bin sicher." Ich ließ meine Schultern hängen, war nervlich erschöpft. Djamila ließ nicht locker. „Vielleicht siehst du's auch zu schwarz? Steigerst dich da rein? Geh' zu Kamp!", forderte sie. Das tat ich. Doch der Schuss ging nach hinten los. Herr Kamp glaubte mir nicht. Plötzlich wurde meine Arbeit nur noch kritisiert, ich wurde laufend angebrüllt. Nachts wälzte ich mich schlaflos, hatte Herzrasen. Tage später schossen mir Pickel ins Gesicht. Stress, ‚Gesichtsrose', sagte der Arzt, schwer zu behandeln. Da ich extrem eitel bin, konnte ich damit nicht umgehen. Meine Selbstachtung sank auf Null. Schlaflosigkeit! Auf der Arbeit war ich unkonzentriert, machte tatsächlich erste Fehler. Der Chef setzte mich weg vom Publikum. Mein rotes Gesicht war fürs Geschäft unzumutbar. Jeder Arbeitstag war wie eine Folter. Bald konnte ich nicht mehr. Als der Chef einen Lieferbon nicht fand, eskalierte die Lage. „Sie sind unfähig, eine Fehlbesetzung! So schlecht, wie Sie arbeiten, muss ich Sie auffordern, zu kündigen! Sie haben die Firma ruiniert. Verschlampt haben Sie alles. Hier!" Er knallte mir ein Kündigungsformular vor die Füße und warf mich aus seinem Büro. Ich setzte mich an meinen Schreibtisch und wollte die Kündigung stumpf unterschreiben. Da las ich: ‚Aufwendungen für Weiterbildungskurse sind zurückzuzahlen'. Mein Gesicht brannte wie eine Fackel. Erschöpft verließ ich die Firma. Fünftausend Euro wollen die!, schoss es durch meinen Kopf. Djamila! Ich muss sie anrufen. Da fiel mir ein, sie ist beim Perserkonzert und kommt erst am nächsten Tag aus Köln zurück. Ich war allein. Außer Djamila hatten sich alle gegen mich verschworen!
Wieder springt die Tür auf, die Psychologin. Sie wird merken, ich bin wach und mich ausquetschen.
„Hallo, Ditte! Bitte glauben Sie, ich möchte Ihnen helfen. Sie erinnern mich an …"
„Ruhe!" Sie nervt. Ich kann nicht mehr! Habe nur für den Job gepaukt, hab nicht mal einen Freund. Eine Streberin bin ich. Der Dank? Terror am Arbeitsplatz, Kündigung! Schulden! Wie will mir die May dabei helfen?
„… ich war auch Mobbingopfer, habe gekündigt. Sechs Wochen Tagesklinik, da hab ich den Kopf freibekommen."
Ich wehre die hätschelnde Hand ab. Sie tut, als merke sie es nicht und redet weiter: „Dann trat ich die Stelle hier an. Ein Superteam! Ich habe mein Leben völlig neu entdeckt und bin glücklich. Und Sie, Ditte werden

es auch wieder sein."
Ich schüttle heftig den Kopf und murre: „Sparen Sie sich Ihre Mühe, ich kann das nicht."
Die Psychologin beachtet meine Abwehr nicht: „Ich rate Ihnen zur Therapie. Glauben Sie, es lohnt. Sie werden sich neu finden! Und, wenn Sie's schaffen, ich hab' da ein Geheimnis. Mehr will ich nicht verraten! Überlegen Sie in Ruhe, ich bin für Sie da! Wir reden morgen beide ..."
Dr. May dreht sich um und eilt zur Tür. Tagesklinik? Geheimnis? So will sie gehen? Ohne zu...? „Frau Doktor, was Sie sagen, klingt ja ... woher wissen Sie das über meine Arbeit?"
„Sie haben eine so reizende Freundin. Eine Stunde lang hat sie mir alles erzählt. Vor allem, wie sie sich um Sie sorgt! Eine solche Freundin zu haben ... ich sage Ihnen Ditte, mehr braucht kein Mensch!"
„Ja. Djamila ist eine Besondere! Ich habe sie sehr gern. Aber sonst hab' ich niemanden, nicht mal Eltern. Sie sind tot. Ich fühle mich allein. Frau Doktor, was ist ... dieses Geheimnis?"
„Also, gut, ich freue mich, wenn Sie neugierig sind. In Kürze geht unsere Sekretärin in Rente. Sie sollten sich für die Stelle bewerben. Ich bin sicher, wenn's gut läuft, werden Sie das schaffen. Schwestern und Ärzte mögen Sie. Wir haben schon viel über Sie geredet."
„Aber, das ist ... wunderbar! Klar, würde ich ... oh Gott - aber ich geniere mich, weil ... Wie konnte ich? Aber, ich wusste nicht - und da..."
„Psst! Kein Wort. Alles wird gut. Schämen muss sich hier gar keiner."
Dr. Inga May presst meine Hand, ich erwidere dankbar ihren Druck.

„Hi, Ditte!" Djamila stürmt an mein Bett. „Du, ich hab's für dich ausgebügelt! Brauchst die Kurse in der Firma nicht zahlen. Ich freue mich für dich. Frag' bloß nicht, wie ich das geschafft habe."
Djamila schmatzt mir einen pitschenassen Kuss auf die Wange und jubelt: „Willkommen im Leben. Es hat neu begonnen! Der Buschfunk sagt, hier wird eine neue Sekretärin gesucht? Ist das wahr?"
„Ja!", jubele ich und umarme Djamila. Meine Freundin Djamila, die genau weiß, wie wertvoll ein Menschenleben ist.

Gabriele Bonk
Freundschaft

Freundschaft
am Anfang
ungeschliffen
blauer Saphir
Vertrauen
und Treue
Unendlichkeit
geschworen
meine Lügen
deine Lügen
Kälte
Harmonie
wo bist du
Aussprache
verzeihen
gemeinsame Zeit
neues Vertrauen
Freundschaft
neu erblüht
blauer Saphir
glitzernd facettierte
Freundschaft

"Freundschaft verzaubert, sie macht gute Zeiten noch besser und lässt uns die schlechten vergessen."

Heike Berndt
Das starke Band, das uns verbindet...

Was bedeutet Freundschaft?
Zueinander stehen, einander vertrauen,
sich die Hand geben und gemeinsam in eine Zukunft schauen,
an der Seite des Anderen stehen, um ihn nach Niederlagen aufzubauen,
zusammen träumen, zusammen lachen
und ab und zu auch Blödsinn machen,
gemeinsam sinnlos in die Wolken schauen und dem Leben einen Sinn geben,
einander die Einsamkeit nehmen, sich zuhören und verstehen,
in den Augen lesen, wie in einem Buch, Zeile für Zeile,
zusammen laufen, ja laufen, Meile für Meile
und dabei nie müde werden...

Diese Zeilen sind mir spontan in den Sinn gekommen, als ich über Freundschaft nachgedacht habe. Freundschaft ist ein Phänomen, das so viele charakteristische Faktoren beinhaltet. Für mich ist es ein starkes Band, das uns verbindet. Ein Band, das aus einem einzelnen Menschen eine Gruppe von Menschen macht. Diese Gruppe ist variabel in der Größe, das Band in der Intensität und in der Kontinuität, um metaphorisch zu bleiben, in der Stabilität. Aber pauschal lässt sich sagen, dass Freundschaften das Leben bereichern. Wir Menschen sind soziale Wesen, keine Einzelgänger, wie es sie in der Tierwelt oft gibt. Einsamkeit ist nur schwer zu ertragen, denn so wie das Glück sich bekanntlich verdoppelt, wenn man es teilt, so lässt sich eine Last halbieren, wenn sie auf zwei Schultern getragen wird. Ein Freund ist ein Begleiter, in guten, wie in schlechten Zeiten.

Es gibt so viele Bücher, Geschichten, Gedichte über das Thema Freundschaft. Es scheint ein Thema zu sein, das uns immer wieder bewegt, egal in welchem Alter. Freundschaften bringen oft Konflikte mit sich, Spannungen bauen sich auf, die sich nach einer Zeit meist auch wieder entladen. Es fließt nicht immer Gleichstrom im Band, das sich Freundschaft nennt. Das wäre langweilig. Meist ist es Wechselstrom. Die Pole ändern sich, manchmal sind sie positiv, manchmal negativ, aber immer im Austausch, immer im Kontakt.

Selbst *Aristoteles*, einer der bedeutendsten Philosophen, die unsere Geschichte zu bieten hat, sagte einmal: „So notwendig wie die Freundschaft ist nichts im Leben."

Wir alle haben unsere Ideale. Auch die Vorstellung einer Freundschaft beinhaltet gewisse Tugenden, die ein idealer Freund erfüllen sollte. Ehrlichkeit, Vertrauen, Zutrauen, Loyalität und vieles mehr.

Vor langer Zeit habe ich die Ballade „Die Bürgschaft" von *Friedrich Schiller* zum ersten Mal gelesen. Bis heute habe ich keinen vergleichbaren Text gefunden, der eine Freundschaft, mit all ihren Idealen, so beispielhaft beschreibt. Für einen Freund einstehen, für ihn bürgen, mit dem eigenen Leben, ohne zu überlegen, zu zweifeln, blind vertrauen, mit dem Wissen, dass einem nichts passieren kann, weil der Freund einen nie im Stich lassen wird, solange er am Leben ist. Einen Freund, der in Gefahr ist retten, für ihn kämpfen, Hindernisse überwinden, ihn niemals alleine lassen, nicht enttäuschen, wenn er einem Vertrauen schenkt, nicht aufgeben und alles tun, um ihm eine rettende Hand reichen zu können und keine Angst haben, selbst dabei zu sterben.

Wie rührend ist es doch, als selbst der tyrannische König, der hier als Sinnbild für all die Widerstände, die bösen Mächte auf Erden, fungiert, von dem Phänomen Freundschaft überzeugt wird und die erlösenden Worte spricht:

„Es ist euch gelungen,
Ihr habt das Herz mir bezwungen.
Und die Treue, sie ist doch kein leerer Wahn -
So nehmet auch mich zum Genossen an.
Ich sei, gewährt mir die Bitte,
In eurem Bunde der Dritte."

Welch schöne Geschichte ist Schiller damit gelungen. Das Band der Freundschaft hat zwei Menschen das Leben gerettet und einen Menschen zum Guten bekehrt. Beide Freunde haben bedingungslos an ihre Freundschaft geglaubt, an das Band, das sie verbindet. So erfährt man von dem Protagonisten, der für seinen Freund mit dem eigenen Leben bürgt:

„Von Stunde zu Stunde gewartet' er
Mit hoffender Seele der Wiederkehr,

*Ihm konnte den mutigen Glauben
Der Hohn des Tyrannen nicht rauben."*

Und auch der, der den Freund als Bürge zurückgelassen hat, hält an seinen Idealen bis zuletzt fest. Er könnte flüchten, egoistisch nur an sich selbst denken, sich in Sicherheit bringen - doch stattdessen spricht er:

*„Und ist es zu spät und kann ich ihm nicht
Ein Retter willkommen erscheinen.
So soll mich der Tod ihm vereinen.
Des rühme der blutge Tyrann sich nicht,
Dass der Freund dem Freunde gebrochen die Pflicht -
Er schlachte der Opfer zweie
Und glaube an Liebe und Treue."*

Und siehe da, all das Hoffen und Bangen lohnt sich! Weil keiner von beiden den Anderen enttäuscht. Man muss diese Ballade nicht wörtlich nehmen - die Umstände sind in unserem Leben nicht gerade omnipräsent. Diese Idee von Freundschaft, die Ideale, die sich dahinter verbergen, treffen jedoch ohne Zweifel auch noch heute den Puls der Zeit. Nicht zwingend werden wir mit Räubern und diversen Naturkatastrophen konfrontiert, geschweige denn müssen wir uns einem monarchischen, absoluten System beugen. Aber darum geht es gar nicht. Das bedingungslose Vertrauen und die Loyalität, die einem von einem Freund geschenkt werden, können lebensrettend sein. Sowohl in physischer Hinsicht, als auch für die Seele eines Menschen. Deshalb müssen wir Freundschaften in Ehren halten, sie schätzen und pflegen, wie eine empfindliche Blume, damit sie nie verwelkt. Leider gerät das oft in Vergessenheit.
So beklagte der griechische Philosoph *Sokrates* einmal: „Eigenartigerweise kann ein Mann immer sagen, wie viele Schafe er besitzt, aber er kann nicht sagen, wie viele Freunde er hat, so gering ist der Wert, den wir ihnen beimessen."
Also lasst uns an dem Band festhalten, das aus einem einzelnen Menschen eine Gruppe macht!

Annies Kette
Regina Pönnighaus

Es gibt Dinge im Leben, die glaubt einem kein Mensch wenn man sie erzählt. Genau so ist es, wenn ich von meiner Freundin Annie berichte. Annie und ich waren als Kinder dickste Freundinnen, und jeden Nachmittag trafen wir uns bei ihr zu Hause. Annie ging nicht in die Schule. Sie hatte mir erzählt, dass sie krank sei und das Grundstück nicht verlassen dürfe, ich aber keine Sorge haben müsse, es sei nicht ansteckend. Auch dafür, dass ich ihre Mutter, die mit ihr das alte Bauernhaus bewohnte, nie antraf, hatte sie eine plausible Erklärung, sie müsse arbeiten.

Das erste Mal sah ich sie an einem sonnigen Tag im August. Die großen Eichen vor dem maroden Fachwerkhaus mit den blinden, winzigen Scheiben und den Fensterläden rauschten in einer milden Brise, und große Margeriten wuchsen davor. Eigentlich wollte ich mit meinem roten Roller zum Spielplatz fahren. Doch als mein Blick dem Flügelschlag eines Zitronenfalters folgte, der auf den Knoten zuflog, entdeckte ich Annie. Ein Mädchen, so alt wie ich, mit braunen langen Haaren, die sich vom Mittelscheitel an in zwei dicke, geflochtene Zöpfe teilten. Annie hatte große schwarze Knopfaugen, und trug, wie sich später herausstellte, immer dasselbe blaue Kleid, mit der grauen Rüschenbluse und Schürze. Sie spielte auf dem mit Gras verwachsenen Weg und versuchte mit kleineren Steinen größere abzuwerfen. Ich schaute ihr eine Weile zu, und stürzte plötzlich mit meinem Roller durch das Törchen in den Garten. Es schien nicht verschlossen gewesen zu sein, und mein Anlehnen wohl zu stark. „Autsch! Aua." Ich hatte mir die Finger der rechten Hand zwischen dem Griff und dem Boden eingeklemmt, meine Haut aufgeschürft. Es brannte und blutete ein wenig. Ich spürte wie Tränen in meine Augen schossen und heiß die Wangen herunterliefen. Auf einmal reichte mir jemand ein Tuch und eine helle Stimme meinte: „Tupf es ab, bevor es auf dein Kleid läuft! Mutter sagt immer, Blut geht schlecht auszuwaschen." Als ich aufblickte war es das Zopfmädchen. Es hatte die Arme hinter dem Rücken verschränkt, wiegte hin und her und lächelte mich an. „Tut es sehr weh?", fragte es schüchtern.

Ich stand auf und hob den Roller hoch. Obwohl meine Hand arg tuckerte sagte ich: „Nein, es geht schon. Danke für das Tuch."

Ich gab es dem Mädchen wieder, und da ich es nett fand, fragte ich, ob ich mitspielen dürfe. Annie nickte, und wir hatten einen Riesenspaß zusammen. Von da an trafen wir uns fast jeden Tag.
Bei schönem Wetter spielten wir im Garten, wenn es regnete in ihrem Haus. Drinnen war es gewöhnungsbedürftig. Alles war alt und so roch es auch, doch sauber und gepflegt. Meine Freundin erklärte es damit, dass ihre Mutter allen modernen Schnickschnack ablehnte. Für mich war es egal. Ich brachte Spielsachen von mir mit zu ihr, und so wurde es nie langweilig.
Als ich meiner Mutter von Annie erzählte, meinte sie, dass sie mir einen Bären aufbinden würde, und bestimmt woanders wohnen würde. Wir sollten das alte Haus und das Grundstück nicht mehr betreten, es sei zu gefährlich. Ich sollte meine Freundin einmal mitbringen.
Annie sagte mir aber, dass sie nicht fort dürfe, und ich solle zuhause nicht mehr von ihr reden. Das tat ich dann auch nicht, obwohl es recht anstrengend war, mir immer wieder neue Ausflugsziele einfallen zu lassen, da ich keine andere Freundin hatte. Es gab immer nur Annie für mich. Alle Jahre, bis ich zwölf war. Dann trieben sich mit einem Mal lauter merkwürdige Leute auf dem Grundstück herum, und meine Eltern erzählten, dass dieses Haus wohl abgebaut und wo anders neu aufgebaut werden würde. Ein Freilichtmuseum habe Interesse an dem alten Hof, er sei erhaltenswürdig. Es versetzte mir einen Schock! Abgebaut werden sollte Annies Haus?! Das konnte nicht sein! Dann müsste sie ja fortziehen!
Das nächste Treffen war deprimierend, denn auch Annie hatte davon gehört, und war zutiefst traurig. Wir lagen uns den halben Nachmittag in den Armen und weinten. In der Abenddämmerung musste ich nachhause. Sie drückte mich und legte mir ihre Holzperlenkette um. „Nimm du sie. Sie soll dich immer an mich erinnern, und auch wenn ich nicht mehr hier bin, wir bleiben doch Freunde?" Sie schluchzte, und der Kloß in meinem Hals ließ mich nur ganz leise „Für immer", flüstern. Danach rannte ich lauthals weinend hinaus in die laue Nachtluft.
Den Tag darauf begannen die Arbeiten, und Stück für Stück trugen sie das Gebäude ab, verluden es auf LKWs und fuhren es weg.
Als ich von der Schule kam stand nur noch die Hälfte, und ich fragte mich wo Annie jetzt war. Doch als ich hinging und einen wichtig aussehenden Mann mit Helm und Klemmbrett nach ihr fragte, meinte er kopfschüttelnd, dass dieser Hof seit langer Zeit unbewohnt gewesen sei.

Ich habe Annie nie wieder gesehen, doch ihre Holzperlen liegen seit Jahrzehnten in der Schale auf meinem Nachttisch.

Manuela Junker

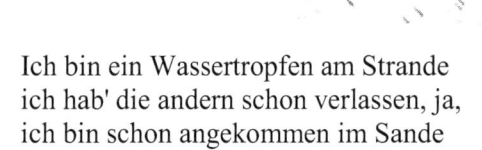

Ich bin ein Wassertropfen am Strande
ich hab' die andern schon verlassen, ja,
ich bin schon angekommen im Sande
und niemand ist hier außer mir

allein, ganz allein bin ich hier
wie ein Nichts, als wär' ich gar nicht da
in wenigen Sekunden glaubt mir
wird dies sogar wahr

ich werde verschwinden ohne nur
einem einz'gen zu fehlen
der Sand zeigt keine Spur
und frisst mich bald

doch halt ich muss mich nicht mehr quälen
meine Freunde kommen her
sie haben mich gestärkt
und geleiten mich sicher zurück ins Meer

eines Tages kehr' ich zurück an den Strand
aus tiefer See wieder geboren
sie reichen mir auch dann ihre rettende Hand
mit Freunden ist man nie verloren

Freundschaft?
Inge Wrobel

„Ich bin der Mike!" Eine entgegengestreckte Hand ist ein Angebot.
„Ich bin Joe!" Das kam schnell und ohne Zögern. Ich heiße nicht Joe.

Bei Fremden arbeitet mein Gehirn in unglaublicher Geschwindigkeit: Will ich diesen raschen Schulterschluss? Will ich die Vertrautheit? Meine Hand geht entsprechend zögerlich in Richtung zu diesem Mike.

Immer ist mir mein Verstand im Wege. Nein, „immer" ist übertrieben: meistens. Spontan bin ich schon, allerdings nur bis zu einem gewissen Punkt. In meinem Kopf laufen nun in Windeseile alle Konsequenzen ab, die von Bedeutung sein werden, wenn ich mich auf diesen „Menschen Mike" einlasse.
Unvorhersehbarkeiten können nicht berücksichtigt werden, denn sie existieren, sind aber unberechenbar. Wie ein Computer die Inputs in die Ziffern Null oder Eins einordnet, sortiert mein Hirn die Gedanken auf zwei Haufen mit den Namen „positiv" oder „negativ".

Ich löse meine Hand aus Mikes Hand und richte mich aus der gebeugten Haltung auf. Die Entscheidung ist gefallen. Etwas verlegen grinse ich Mike an, dessen schiefe spastische Gesichtszüge nichts verraten. Nur seine kleinen dunklen Augen hinter den dicken Brillengläsern funkeln, als ich mich erneut zum Rollstuhl herunter beuge und ihm ins Ohr flüstere: „Ich heiße in Wahrheit Johannes – egal, wie Du mich ansprichst."

Barbara Otte

Freundschaft
Unsere Beziehung
Umarmt unsichtbares Band
Verbindet und verbündet uns
Gemeinschaft!

Dalya aus Aleppo
Mara Raabe

Seit Wochen beobachtete er sie. Immer saß sie auf dem gleichen Platz in der Bibliothek. Ihr Gesicht war von solch einer Traurigkeit, dass es ihn berührte. Wenn sie hochblickte aber glaubte er auch Hoffnung in ihren Augen zu sehen. Das machte ihn neugierig.
In den letzten Tagen war er früh schon zur Bibliothek geeilt um möglichst nah bei ihr seinen Arbeitsplatz zu bekommen. Und heute wollte er sie ansprechen und hoffte sein Englisch würde für eine Konversation reichen. Sie hieß Dalya, das hatte er schon in Erfahrung gebracht. Ebenfalls, dass sie aus Syrien stammte. Die schwarzen dichten Haare, der leicht gebräunte Teint, die dunklen Augen hatten ihn das schon vermuten lassen.
Sie blieb erschrocken stehen als er sich ihr in den Weg stellte und ein kurzes ‚Hallo' sagte. Dann aber zog ein Lächeln über ihr Gesicht und sie erwiderte seinen Gruß. Das machte ihn glücklich.
Jeden Morgen trafen sie sich in der Bibliothek, nahmen ihre Plätze ein und am Abend, wenn die Bücherei geschlossen wurde, gingen sie, wie selbstverständlich, zusammen raus.
Schnell wurde ihm klar, dass sie nur über wenig Geld verfügte, das nicht zuließ in ein Restaurant zu gehen. Er hätte es sich leisten können sie einzuladen, doch er wollte sie nicht beschämen. Begnügte sich stattdessen selbst auch mit einfachen preiswerten Gerichten.
Eines Morgens aber war alle Fröhlichkeit aus ihren Augen verschwunden und er sah, dass sie die Nacht geweint hatte. Trotzdem setzte sie sich an ihren Tisch und vertiefte sich in die Bücher. Er litt mit ihr und als sie den Raum verließ folgte er ihr nach draußen. Sie setzten sich auf eine Bank und wie selbstverständlich legte er seinen Arm um ihre Schulter.
Als hätte sie nur darauf gewartet, vergrub sie ihren Kopf schluchzend in seinen Armen. Und dann sprudelte es aus ihr heraus, so wie Wasser aus einem Stausee stürzt.
„Kennst du Aleppo? Da komme ich her. Wir haben Krieg, lange schon. Erst kamen die Flugzeuge. Wenn das Dröhnen sich näherte flohen wir in den Keller. Detonationen, Feuersalven, einstürzende Häuser und am Ende nur noch Ruinen. Aber es kam noch schlimmer. Soldaten zogen durch die Stadt, jung, wie unsere Kameraden, johlend und vollgekifft ergriffen

sie meine Freundin, zogen sie brutal in einen Hauseingang, rissen ihr die Kleider vom Leibe und vergingen sich an ihr. Meine Freundin schrie, schrie... Ich wollte zu ihr, da zog mich einer der Soldaten zurück. Lauf weg, wenn du nicht willst, dass dir dasselbe passiert. Und ich lief. Kurze Zeit später hörte ich einen Schuss." Ihr Schluchzen zerriss ihm das Herz. „Wir waren nicht arm", fuhr sie fort. „Mein Vater zahlte für meine Flucht und später half er auch Anderen." Sie schwieg. Er drängte sie nicht weiter zu sprechen. „Gestern bekam ich die Nachricht, man hat meinen Vater ermordet."

Eines Tages, es war etwa zwei Wochen später, fragte er sie, ob sie nicht Lust hätte für ihn etwas aus ihrer Heimat zu kochen. Mit ihrer Reaktion hatte er nicht gerechnet. Mit strahlenden Augen nickte sie und voll Enthusiasmus ging sie mit ihm zum Supermarkt einkaufen. Er lud seine besten Freunde ein, man aß und trank, genoss die fremdländische Küche. Er sah ihr an, dass sie darüber glücklich war.
Am nächsten Morgen, sein Rausch war verflogen und als er sich umsah, erkannte er seine Wohnung kaum wieder. Alles war aufgeräumt, das Bad geputzt, die Küche glänzte. Da wusste er, es war ihre Möglichkeit ‚Danke' zu sagen.
So entwickelte sich eine immer tiefere Freundschaft zwischen ihnen. Ihm seine Wohnung in Ordnung zu halten, gab ihr die Möglichkeit seine Hilfe zu akzeptieren. Ob daraus einmal Liebe werden könnte wusste er nicht. Er war sich nicht sicher mit der Last, die sie trug, leben zu können.

Deborah Karl-Brandt
Freundschaft

Gemeinsam Schweigen
In stiller Beredsamkeit
Sich alles sagen

Wir haben uns erst gestern gesehen
von
Rosmarie Gröger

17 Jahre ist es nun her.
17 lange Jahre haben wir uns nicht gesehen.

Und dann kommt sie – kommt um die Ecke, als wären wir gestern erst auseinander gegangen.
Wir reden, gehen spazieren, verbringen Zeit in einem Café. Wir erzählen uns unser Leben, das, was in den letzten 17 Jahren war.
    Das, was von gestern bis heute passiert ist.
Wir gehen zu ihr.
Ich sehe mir ihre Wohnung an. Hier war ich noch nie vorher – und doch, sie passt, passt zu ihr.
Wir teilen unser Hobby, unseren Beruf, vielleicht die Berufung
und lassen uns ganz fallen.

Wir trennen uns am Ende – gehen auseinander.
Wann werden wir uns wiedersehen?
17 Jahre waren dazwischen – an Zeit. Aber was ist schon Zeit?

Es ist, als hätten wir uns gestern erst gesehen.
Es ist, als wären wir erst gestern auseinander gegangen.
    Gestern haben wir uns zum letzten Mal gesehen.
Und morgen?
Morgen passt es wirklich. Da kann ich sagen:

Wir haben uns erst gestern gesehen!

Durch Begegnungen mit Menschen erfahren wir den Wert des Lebens.

Zeitlos - *für Elli-Ruth*

Eine vertraute Stimme,
sehr lange nicht vernommen,
sind getrennt weitergeschwommen
in dem Fluss der Zeit.
Nun höre ich sie wieder
Die Stimme, das Lachen
die etwas mit mir machen.

Als sei es gestern gewesen,
stehen auf all die Sachen
die wir zusammen erlebt.
Sofort große Nähe besteht.
Die Zeit konnte uns nicht nehmen,
was uns einst verband.
Die Zuneigung, das Verstehen,
niemals verschwand.

Aus der Lostrommel des Lebens
wurdest du mir gegeben.
Das Glück ist zugegen.
Vielen Dank, liebe Freundin,
für den großen Gewinn.

Renate Düpmann

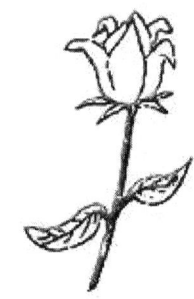

Der steinige Weg zur Freundschaft
Gianna Goldenbaum

Endlich hatte Markus seinen Traumjob gefunden. Ein Promifriseurladen mitten in Berlin. Sascha war sein Chef. Seit einigen Wochen hatten sie eine Affäre. Dort arbeitete noch Robert. Bis vor kurzem war er der Favorit des Chefs gewesen. Kaum erschien Markus auf der Bildfläche, fühlte sich Sascha mehr zu ihm hingezogen. Mit Argusaugen hatte Robert die verliebten Blicke, die Markus und Sascha miteinander austauschten, beobachtet. Sascha hatte sein Verhältnis mit Robert beendet.

Einige Tage später bat Robert Sascha um ein Gespräch. „Ich werde kündigen", setzte er seinen Chef in Kenntnis. „Ich ertrage es nicht mehr, mit dir zusammen zu arbeiten. Es tut mir zu weh."

Sascha verstand warum Robert ausscheiden wollte. „Dann werde ich mich nach Ersatz umsehen müssen."

Vielleicht wäre es sinnvoll, einmal eine Friseurin einzustellen.

Angelika erweiterte das Team im Salon. Sie war eine aparte Erscheinung. Argwöhnisch beobachtete Markus wie gut sich Sascha und Angelika verstanden. Er suchte das Gespräch mit ihm. „Mach dir keine Gedanken, das ist rein freundschaftlich. Ich liebe dich."

„Ich bin wieder zu Hause." Markus war ein paar Tage verreist gewesen. „Wollen wir heute zu unserem Italiener?"

„Tut mir leid, heute Abend geht bei mir nicht. Aber schön, dass du wieder da bist." Markus war enttäuscht. *Saschas Stimme klingt merkwürdig,* wunderte er sich.

Am nächsten Morgen, es war der erste Arbeitstag nach seinem Urlaub, rief Sascha Markus in den kleinen Aufenthaltsraum.

„Ich muss mit dir reden. Es tut mir furchtbar leid Markus, dass ich dir wehtun muss. Ich habe mich in Angelika verliebt." Man merkte, dass Sascha dieses Geständnis sehr schwer fiel. Er hatte Tränen in den Augen und seine Hände zitterten leicht.

„Bisher war keine Veranlassung, dir zu sagen, dass ich bisexuell bin. Ich war sehr glücklich mit dir. Jetzt hat sich die Situation für mich aber verändert. Ich möchte mit Angelika eine Familie gründen. Ich weiß, wie sehr ich dir damit wehtue. Ich habe Angelika von uns erzählt. Es tut mir unendlich leid Markus."

Sascha sah unglücklich aus. Als könne er es selber kaum glauben, dass er so empfinden konnte.
„Du kannst mich nicht einfach verlassen!" Zutiefst verletzt sah Markus Sascha in die Augen.
Wie im Schock verließ er dann den Laden. Rachegedanken wechselten mit Selbstmordgedanken in seinem Kopf.
„Ich hoffe, er beruhigt sich wieder." Sascha schaute zu Angelika. Und sie sah ihn mitfühlend an.

Am Morgen nach Saschas Geständnis, läutete es an Markus' Tür.
„Hauptkommissar Ehrig. Der Salon, in dem Sie arbeiten, ist letzte Nacht bis auf die Grundmauern abgebrannt."
„Das kann nicht sein." Markus war plötzlich hellwach.
„Ihr Chef hat uns über die Tatsache aufgeklärt, dass er sich von Ihnen getrennt hat. Können Sie für den gestrigen Abend ein Alibi vorweisen?"
„Ich war den ganzen Abend alleine zu Hause. Mir war gewiss nicht nach Gesellschaft." Markus fuhr sich durch seine Haare.
„Bitte begleiten Sie mich auf die Wache."
„Es gab da noch einen Kollegen im Salon, Robert", sagte Markus. „Er hatte ein Verhältnis mit dem Chef. Als ich dann auftauchte, verliebten sich mein Boss und ich ineinander. Und mein Chef trennte sich von ihm. Vielleicht sollten Sie Ihren Fokus mal auf Robert richten."
„Keine Sorge, das werden wir als nächstes in Angriff nehmen, jetzt aber erst mal zu Ihnen." Der Kommissar begann mit seinem Verhör.
Jetzt kann ich mir zu guter Letzt noch einen neuen Job besorgen. Ich hätte wahrscheinlich sowieso nicht mehr mit Sascha zusammenarbeiten können. Es tut so unendlich weh. Markus war tief in Gedanken versunken.
Einige Zeit später, Markus war dabei Bewerbungen zu schreiben, klingelte es stürmisch an seiner Tür.
„Bitte, kannst du mir noch einmal verzeihen, dass ich dich verdächtigt habe?" Zerknirscht stand Sascha vor ihm.
„Die Polizei hat Robert überführt. Er hat den Brand gelegt um sich zu rächen. Ich habe noch ein Anliegen an dich. Ich weiß, dass ich dir sehr wehgetan habe. Könntest du dir trotzdem meinen Vorschlag überlegen?"
Markus ging einen Schritt zur Seite und ließ Sascha eintreten.
„Ich muss jetzt meinen Laden neu aufbauen und würde mich wahnsinnig freuen, wenn du mit einsteigen würdest. Sag jetzt nichts, denke einfach

mal drüber nach."
„Das werd ich machen, es kann aber dauern", sagte Markus fast schon versöhnt.
Ein dreiviertel Jahr war vergangen.
„Markus, kommst du heute Abend zu uns zum Essen?", fragte Sascha.
„Wir müssen unbedingt die Listen für die Bestellungen fertigmachen. Angelika würde sich auch freuen."
Markus war inzwischen wieder glücklich. Der neue Laden lief gut und eine neue Liebe gab es auch in seinem Leben.
Angelika öffnete die Tür. Man sah ihr an, dass sie kurz vor ihrer Niederkunft stand.
„Danke für die Einladung." Markus streckte ihr einen großen Blumenstrauß entgegen.
Längst waren sie auch gute Freunde geworden.

Udo Brückmann
Ich bin Du und Du bist Ich

Im Wechselspiel der Weltenzeit
Ob Kühle oder Sonnenkuss
Strömen Wellen himmelweit
Verankern stetig Lebenslust

Tief empfunden leuchten Flügel
Blind entspannt verbunden
Licht entfacht den Seelenspiegel
Um Feuerwelten zu umrunden

EWIG heißt des Zaubers Wort
In Stunden, Wochen, Jahren
Es stirbt der Tod an jenem Ort
Der Antwort gibt auf alle Fragen

Dragica Schröder
Freunde

Ohne Freunde wäre das Leben nicht halb so schön.
Ohne Freunde müsste man überall alleine gehen.

Ohne Freunde herrscht um uns herum tiefe Trauer,
ohne Freunde hat man keinen Mut und positive Power.

Unsere Freunde sind gute Kumpels für jede neue Nummer
und echte Tröster bei allen Schmerzen und großen Liebeskummer.

Freunde fangen dich in jeder Lebenslage sicher auf,
ohne sie fehlt dir der Halt und du bist selten gut drauf.

Wenige schaffen es, Schulfreundschaften ins Berufsleben zu retten,
räumliche Distanz schafft neue Fakten und verschiedene Welten.

Auch wenn die Fäden manchmal abreißen, was wir sicherlich hassen,
nehmen wir Kontakt auf, um uns nicht gänzlich entfremden zu lassen.

Bei innerer Nähe spürt man, wie wertvoll die Beziehung zu Freunden ist,
jede Minute ist kostbar, wird intensiv verbracht und ohne jegliche List.

Spontane Pläne, lustige Ideen überraschen mich immer wieder,
wir können zusammen lachen, auch weinen und singen unsere Lieder.

Zwischen uns gibts den geheimen Draht, Freundschaft darf nicht ersticken,
es muss Raum für Bewegung und Veränderung da sein,
nicht nur stumm zu nicken.

Auf die gleiche Wellenlänge surfen und ab und zu getrost abtauchen –
Aber nicht abdriften, sich in Unendlichkeit verlieren oder gar absaufen.

Denn, wofür gibt es gute Freunde in diesem irdischen Leben?
Missverständnisse nicht ausgeschlossen, das muss es auch mal geben.

Wenn aus Freundschaft Liebe wird ...
Alayna A. Groß

Als ich sie das erste Mal gesehen habe, war sie 12 Wochen alt. Angekündigt war sie schon Monate vor ihrer Geburt und ich sehr skeptisch, wie immer in meinem Leben, wenn etwas Neues meinen Alltag verändern sollte.
Neugierig schaute sie mich an, mein Sohn hielt sie auf dem Arm, sodass ich ganz nah bei ihr sein konnte. So etwas Niedliches ... Kleines ... es gab nicht genug Worte, für das, was ich in diesem Moment empfunden habe. Es war mein sehnlichster Wunsch sie einmal berühren zu dürfen, nur ich war feige und habe mich nicht getraut.
Mein Sohn behielt sie auf dem Arm, bis sie sich an die fremde Umgebung gewöhnt hatte. Dann ließ er sie auf den Fußboden. In dem Moment konnte ich nicht anders und rutschte voller Entzücken auch auf den Boden. Nur nicht zu nahe, denn ich wollte sie nicht erschrecken.
Mein Sohn meinte: „Keine Angst, sie kommt von alleine, wenn sie will."
Sie wollte aber nicht. Na gut, hab ich gedacht, dann werde ich sie aus der Ferne beobachten. Weil sie noch so klein war, ermüdete sie sehr schnell und legte sich auf die warme Decke, die auf dem Boden lag.
Später sind sie gegangen. Ich war infiziert, so ein kleines Wesen musste ich in mein Herz schließen.
Es dauerte noch ein Weilchen bis sie wieder zu Besuch kam. Doch dieses Mal wollte ich nicht so feige sein. Also rückte ich wieder ganz nah an ihr Köpfchen. Die Kleine schaute erwartungsvoll - nichts, wieder nichts. Du meine Güte dachte ich, was bin ich für ein Feigling. Meine Kinder kamen auf die Idee mit ihr in den Garten zu gehen. Ich war sofort begeistert, ab ins Grüne.
Da stand ich wieder voller Verzückung, weil die Kleine so tapsig die Wiese erkundete. Nach einer viertel Stunde legte sie sich hin und schlief ein. Wieder nichts mit knuddeln und schmusen.
So vergingen die Wochen und ich wollte mich nicht aufdrängen, sie gehört ja den Kindern.
Dann kam der große Tag! Besuch kündigte sich an, es schellte ... und da stand sie auf ihren kleinen, krummen Beinchen.
„Du kannst sie ruhig anfassen Mama, es passiert schon nichts."
So habe ich das erste Mal in meinem Leben einem kleinen Welpen über

das Köpfchen gestreichelt. Sie hat nur geschaut und ist weiter in die Wohnung getapst, hat hier und dort geschnüffelt, fand alles interessant.
Das fand ich auch, sie ist ein ganz besonderer Hund, ein „Shar Pei", sie heißt Akira. Mit einem weichen Fell und lustigen Knickohren, zum Verlieben. Hunde sind mir fremd bis dahin gewesen. Ich bin aufgewachsen mit Angst, weil zwei Hunde meine Schwester gebissen hatten. Deshalb bin ich Hunden immer aus dem Weg gegangen.

Inzwischen hat Akira mein Leben total umgekrempelt. Ich passe immer stundenlang auf sie auf, wenn meine Kinder zur Arbeit müssen.
Anfangs musste ich sehr viel lernen über die Gestik und das Verhalten.
Bei den chinesischen Faltenhunde „Shar Pei" ist die Mimik manchmal nicht gut zu erkennen, zumindest für Fremde.
Für mich ist das Gesicht wie bei einem Menschen. Sie schaut neugierig, frech oder beleidigt. Das betont sie mit ihren Ohren, die sie vor- und zurückdrehen kann.
Es ist unglaublich was man alles an Empfindungen entdeckt.
Vor allem ist sie ihrem Rudel treu und passt auf es auf.
Wenn ich mit Akira spazieren gehe und ein Mensch kommt mir zu nahe, der ihr nicht geheuer ist, bleibt sie an meiner Seite und passt auf. Das hat mir schon manches Mal geholfen. Wenn unfreundliche Zeitgenossen sich im Ton vergriffen hatten, wurden sie angebellt.
Sie hat mich auch gelehrt auf andere Hunde zuzugehen, ihre Gestik zu verstehen und vor allem keine Angst mehr zu haben.
Meinen Mann hat sie auch umgekrempelt. Er schmust heimlich mit ihr, wenn keiner zusieht. Er vermisst sie, wenn sie wieder bei ihrer Familie ist und fragt, wann sie wieder zu uns kommt.
Wenn mein Sohn Frühschicht hat, bringt er sie morgens. Im Halbschlaf stürmt sie die Treppe hinauf bis ins Schlafzimmer. Dann springt sie ins Bett und kuschelt sich an einen von uns. Sicher das finden einige Menschen nicht gut, aber uns gefällt es.
Wir lieben sie inzwischen sehr und können uns ein Leben ohne sie nicht mehr vorstellen.
Bald soll sie ein Geschwisterchen bekommen, dann werde ich von Anfang an kuscheln und schmusen. Unsere Wuscheline …

Zwischenhoch im November
Bettina Schneider

Samstag:
Zum ersten Mal in meinem Leben spürte ich Antriebslosigkeit und bleierne Langeweile. Das Novembergrau, das vor dem Fenster lungerte, hob meine Laune keineswegs. Der Winter hatte nicht einmal begonnen und meine Stimmung war bereits im Keller. Schon des Öfteren hatte mich der Herbstblues gepackt, aber in diesem Jahr war es besonders heftig.
Zum einem lag es daran, ich steckte in einer Übergangsphase und fühlte mich wie das buchstäbliche Blatt im Winde, das haltlos herumwirbelte, ohne zu wissen, wo es landen würde. Die berufliche Ausbildung lief erst seit ein paar Wochen, alles war neu und gewöhnungsbedürftig. Jeden Tag strömten Hunderte neuer Eindrücke auf mich ein und ich fragte mich, ob der eingeschlagene Weg der richtige war. Zum anderen fehlten mir meine Freunde. Sie hatten, wie ich, die vorgezeichneten Pfade verlassen und waren, anders als vor kurzem in der Schule, nicht so schnell greifbar.
Den Menschen, den ich am meisten vermisste, meine beste Freundin, hatte es als Au-pair nach London verschlagen. Zwar schrieben wir uns und telefonierten ab und an, wirkliche Nähe und vor allem Zeit, gemeinsam über die Umbrüche in unseren Leben zu philosophieren, hatten wir dadurch nicht.
Mir geht es nicht gut, dachte ich bedrückt, schaute zum Fenster hinaus, um festzustellen, dass nun noch ein leichter Nieselregen eingesetzt hatte. Ich war beinahe dankbar, als das Telefon klingelte. Auch wenn es nur die Einladung eines Freundes zum Besuch einer Ausstellung war, für mich war es ein willkommener Lichtblick, ein kleiner Abstecher zurück ins Vertraute, raus aus meinem zurzeit ins Wanken geratenen Leben. Gerne wollte ich mich mit ihm treffen.

Sonntag:
Ohne Hast bewegten wir uns durch die Ausstellung. Es gab Skulpturen, die ästhetischer waren, stellte ich nach wenigen Minuten fest, dennoch genoss ich diese Verabredung. Den Freund hatte ich ewig nicht gesehen und wir hatten uns über viele Neuigkeiten auszutauschen, dass wir uns die meiste Zeit über die jüngsten Ereignisse unser Leben unterhielten, auch wenn wir gerade sehr angeregt das Ausstellungsstück vor uns diskutiert hatten. Als ich das nächste Mal in seine Richtung schaute, ich hatte

die bizarr verkrümmten Finger der Skulptur forschend gemustert, war er nicht mehr da. Suchend sah ich mich um und konnte ihn nirgends entdecken. Dabei hatte ich das unbestimmte Gefühl, vor wenigen Augenblicken hatte jemand sehr nahe bei mir gestanden. Zögerlich nahm ich mir die nächste Plastik vor, betrachtete mit nachdenklicher Miene das ausgemergelte Gesicht und war kein bisschen konzentriert. Das bemerkte ich, als ich die Beschreibung auf dem Schildchen zum dritten Mal las, ohne zu verstehen, was der Künstler ausdrücken wollte. Ich schob mich ein Exponat weiter. Abermals, mehr instinktiv als wirklich gefühlt, meinte ich, eine Bewegung hinter mir wahrzunehmen. Doch niemand stand dort, sah ich, nachdem ich mich umgeschaut hatte. Vielleicht waren meine Sinne überreizt, dachte ich, als ich die nächste traurige Figur in Augenschein nahm. Diese abgehärmten Gestalten schienen allein die Misere des Lebens zu verkörpern und passten hundertprozentig zu der trüben Stimmung dieser Jahreszeit. Ich fragte mich, ob sich irgendjemand so ein Jammerbild in die Wohnung stellen würde. Allein vom Anblick würde ich Depressionen bekommen. Allerdings schien sich mein Freund tatsächlich für diese Plastiken zu begeistern. Aber wo steckte er? Erneut ließ ich meinen Blick über die Besucher schweifen. Es hatte den Anschein, als wäre er vom Erdboden verschluckt. Wieder regte sich etwas hinter mir, ganz nah und dieses Mal klar und überdeutlich. Nein, zweifellos waren es nicht überreizte Sinne. Machte er sich einen Spaß daraus, sich vor mir zu verstecken? Aber warum? So ein kindisches Verhalten sah ihm nicht ähnlich. Blitzschnell fuhr ich herum, wollte ihm schon ein fröhliches „Also da bist du!", entgegen schmettern, doch mir blieben die Worte im Hals stecken.
Vor mir stand eine andere Person.
Ein Mensch, mit dem ich jetzt, heute, überhaupt in nächster Zeit niemals in meinen kühnsten Träumen gerechnet hätte ... und dennoch, hätte ich es mir eine Sekunde überlegen können, hätte es keinen anderen Menschen gegeben, mit dem ich diesen Augenblick lieber geteilt hätte. Meine Freundin!
Sprachlos und ungläubig fielen wir uns um den Hals und ich spürte in dieser Umarmung alles, was uns verband. Innige Freundschaft, Vertrauen, Wärme. Ich fühlte mich in alte Zeiten zurückgesetzt, alles, was mich belastete, war wie weggeblasen. Ich war glücklich.
Nachdem unser gemeinsamer Freund wieder aufgetaucht war (natürlich

war er eingeweiht und hatte dieses Treffen arrangiert), setzten wir uns in ein Café und redeten, wie wir immer geredet hatten. Es wurde ein langer Abend.
Für mich war es die schönste Überraschung vor Weihnachten, denn sie war extra aus London gekommen.

Ulrich Lanin
Schneemanns Nase

Schneemann, Schneemann mit der Möhrennase,
Schneemann, Schneemann, nimm dich ja in acht!
Sieh, dort hinten steht ein großer Hase,
der sich Hoffnung auf die Nase macht!

Kinder, Kinder, mir kann`s nicht passieren,
dass der Hase meine Nase frisst,
sie wird lang noch im Gesicht mich zieren,
schaut, der Besen meine Waffe ist.

Schneemann, Schneemann, hast so schwarze Augen,
Schneemann, Schneemann und 'nen Kohlemund.
Schneemann, Schneemann, du kannst es uns glauben,
Möhren sind für Kinder auch gesund.

Kinder, Kinder, nehmt ihr mir die Möhre,
ohne Nase ist es eine Pein!
Wer sie stiehlt, der nimmt mir meine Ehre.
Habt Erbarmen, lasst uns Freunde sein!

Waltraud Klaukin
Freundschaft in der Krise

Ich kann nicht schlafen, liege lange wach
und denke über unsere Freundschaft nach.
Wir waren uns doch immer wichtig,
der Anlass für das Zerwürfnis ist einfach nichtig.

Ein falsches Wort am falschen Ort
hat dich gekränkt und zog dich von mir fort.
Du hast mir nicht gesagt, warum
und selbst als ich dich fragte, bliebst du stumm.

Ich grübelte und grübelte, was ich dir hab getan,
wann fing diese Missstimmung zwischen uns an?
Ich kam nicht drauf, mir fiel nichts ein
und du sagtest: Was soll denn sein?

Warum hast du es mir nicht gleich gesagt?
Dann hätten wir uns nicht so lange geplagt.
Inzwischen ist die Kluft ziemlich groß
und ich frag mich dauernd, wie ändern wir das bloß.

Gibt es noch einen Weg auf uns zu?
Beide müssen es wollen, ich und du.
Es wird schwer sein, die Kluft zu überwinden,
falls unsere Seelen jemals wieder zueinander finden.

Ich bin sehr traurig, dass es so weit gekommen,
gerne hätte ich die Worte zurückgenommen.
Doch ich kann es nicht ändern, tut`s mir auch leid,
kann nur hoffen, dass wir uns wieder nähern im Laufe der Zeit.

Eine Geschichte, die das Leben schrieb...
von Edith Maria Bürger

Vor vielen Jahren entdeckte ich im Netz eine Seite, die Gedichte veröffentlicht, die man selbst verfasst hatte. Warum nicht!, dachte ich. So konnte ich direkt erfahren, ob meine Worte ankamen. Denn eine Antwort bekam man unmittelbar nach der Veröffentlichung von anderen Autoren. Ob positiv oder negativ, Kritik muss man ertragen, wenn man an die Öffentlichkeit geht. Also meldete ich mich dort mit einem Nicknamen an, und setzte mein erstes Gedicht hinein.

Ein paar Stunden später öffnete ich meine Seite, und konnte es kaum fassen, dass ich zwölf Einträge hatte. So eine positive Resonanz hatte ich nicht erwartet, und war sehr freudig gestimmt. Auf jeden Eintrag gab ich eine Antwort. Nun war ich sehr neugierig geworden, wer hinter diesen Einträgen steckte, und klickte die einzelnen Seiten an. Einfühlsame Worte, träumerische, gereimte Gedichte, von ernst bis heiter, alles war dabei. Aber ein Gedicht fiel mir besonders auf. Es waren nur sechs Zeilen, doch von einer solchen Tiefe, und geschliffener Ausdrucksweise, die mich auf dieser Seite gefangen hielt. Spontan schrieb ich den Verfasser an, und teilte ihm meine Begeisterung mit. Umgehend bekam ich eine Rückantwort, die mich sehr verwunderte. Ein angehender Student der Literaturwissenschaften, der auf sein erstes Semester wartete, brannte darauf, mit mir in Kontakt zu treten, um Gedichte auszutauschen. Nicht nur ein Austausch, nein, er wollte Kritik, gleich welcher Art, und ein Analysieren der Texte, und schrieb von seiner Begeisterung, die er bei meinen Gedichten empfand. Oh, was gibt das denn? Sollte ich mich darauf einlassen?

Irgendwas in mir warnte mich, sofort zu antworten, und ich besuchte seine Homepage, um Näheres über diesen Menschen zu erfahren. Sehr offen stellte er sich dort vor. Aber sein Alter störte mich, als ich las, dass er einundzwanzig Jahre jung war. Der Schreibweise nach hatte ich mir einen älteren, reifen Menschen darunter vorgestellt. Ich hätte seine Mutter sein können. Nein, Mütterchen, das lässt du mal lieber, wer weiß, was daraus wird!, dachte ich, und sprach mit meinem Mann darüber, der aber nichts dagegen hatte.

Trotzdem blieb ich bei meiner Meinung. Verbindungen im Netz sind nicht immer von der guten Sorte. Also schrieb ich zurück, dass ich besser

Abstand nehmen würde, schon wegen meines Alters, und ich wäre verheiratet und hätte zwei Kinder.
Die Rückantwort ließ nicht lange auf sich warten. Ich fand eine lange Mail in meinem Postfach. Eine Mail in dieser höflichen Art, hatte ich schon lange Zeit nicht mehr bekommen, und meine Bedenken schmolzen dahin. Gleichgesinntheit kennt kein Alter!, unterstrich er im besonderen Maße! Versuchen, kann ich es ja mal, aufhören kann ich immer noch!
Also stimmte ich zu, einen Austausch mit unseren Gedichten zu versuchen. Die ersten seiner Gedichte beeindruckten mich noch mehr, eine wahre Fundgrube literarischen Könnens tat sich auf, und ich analysierte, interpretierte seine Gedichte, und er meine geschriebenen Worte.
So gingen die Mails zwei- bis dreimal die Woche hin und her. Etwas ruhiger wurde es nur, wenn die Semester begannen.
Es folgte eine wunderbare Zeit des Austausches. Ja, wir lernten voneinander, waren sehr offen in unserer Aussage, über das Geschriebene. Vorsichtige Äußerungen über das Privatleben flossen schon mal mit in die Mails, aber immer distanziert.
Erst zwei Jahre später tauschten wir die Geburtstagsdaten und Adressen aus. Ein kleines Geschenk zum Geburtstag und zu Weihnachten schickten wir uns auf dem Postweg.
Dass eine sehr liebe Frau sein Leben kreuzte, und der Wunsch nach Zweisamkeit, und ein Zusammenziehen der beiden jungen Menschen im Raum standen, freute nicht nur mich, sondern auch meine Familie nahm regen Anteil. Dieses Glück krönt nun eine kleine Tochter, die sich beide sehr gewünscht hatten.

Und die Zweifel, die er einmal hegte, seine Gedichte würden nicht verstanden, sind inzwischen ausgeräumt. Denn im Laufe der Jahre hat dieser junge Mensch mehrere Preise für seine wundervolle Poesie erhalten.
Geht man gedanklich so tief in ein geschriebenes Wort, sieht man den dahinter stehenden Menschen mit anderen Augen. Da ist nicht nur das lyrische Ich, da spiegelt sich das Innenleben des Anderen wider.
Und Vertrauen, ein großes Vertrauen entwickelt sich, eine Freundschaft, die ihres Gleichen sucht, trotz des Altersunterschieds, obwohl man sich nie gesehen hat. Und das schon seit dreizehn Jahren!

Nicht jedermanns Sache
Ursula Lübken-Escherlor

Katja hörte aufmerksam zu, während Anna erzählte. Die ehemaligen Schulfreundinnen hatten sich zufällig getroffen; ein seltenes Ereignis, sich in dieser Großstadt mal so über den Weg zu laufen.
Dann, bei einem Kaffee redeten beide heftig und viel, pressten alles hinein in die kurze Zeit, was es an Interessantem mitzuteilen gab. Sie erinnerten kleine Geschichten, kurze Episoden - wer war die Zicke, wer die Angeberin? Weißt du noch? Und der Beruf, die Karriere? Männer? Freundinnen? Ja, Freundinnen, neue Weggefährtinnen, die gab es ...
Von einer neuen, besten Freundin schwärmte Anna, sie erlebe endlich mal Frauensolidarität, Zusammenhalt und schrecklich nett sei alles - ein Glück, so eine Frau getroffen zu haben! Dann zeigte sie ein Foto, zwei Personen, blauer Himmel, im Hintergrund das Kolosseum. „Wir arbeiten im Team", sagte Anna, „Bea ist eine super Kollegin." Das Foto verschwand wieder in der Handtasche. Vielleicht wartete sie auf ein Echo, ein Feedback von Katja, die in diesem Moment jedoch mehr als bemüht war, ihre Kinnlade nicht weiter herunter fallen zu lassen. Sie hatte Bea auf dem Foto erkannt, Bea, mit der sie vor einigen Jahren ebenfalls beruflich eine Zeitlang in einem Boot saß. Diese Bea also! Die mit den Nutzfreundschaften, diejenige, welche Menschen eine Zeitlang gebrauchte, verbrauchte und letztlich „entsorgte". So geschickt angewandt und ausgespielt hatte Katja diese Eigenschaft nicht wieder erlebt. Katja lief ein Schauer über den Rücken, suchte nach Worten, stotterte herum, landete wieder beim... Urlaub. „Und Rom?", fragte sie, „wie war's dort so?" Damit ersparte sie sich den Kommentar zur Reisebegleitung, zu Bea, die auf dem Foto breit lachend dastand. Klar war in diesem Moment: Sie würde nicht versuchen, Anna die Augen zu öffnen. Es wäre verlorene Liebesmüh' - zu versteckt, zu verwoben und nicht angreifbar die Spielchen, Intrigen und kleinen Manöver, derer sich Bea bediente, um ihren Vorteil zu finden, selbst wenn sie dafür Freundschaften opferte. Auch nach den Jahren empfand Katja noch eine tiefe Abneigung gegen Beas Art, Menschen als Spielfiguren einzusetzen, sie zu manipulieren. Nicht jedermanns Sache. Eine „Schrittmacherin" für die Seele war sie jedenfalls nicht. Auch bei ihr, Katja, hatte Bea zunächst den Pfad der

netten Freundin und Kollegin eingeschlagen, ihn dann jedoch schnell verlassen.

Das Wiedersehen in der Fußgängerzone endete mit dem Vorsatz, gelegentlich miteinander zu telefonieren, um in Kontakt zu bleiben. Schön sei es gewesen, einfach hineinzugreifen in den Strom der Erinnerungen, der vorüberzieht mit dem, was mal geschehen ist, ob wichtig, banal oder einfach etwas irre.

Katja dachte später - nach dem Treffen - auch noch an persönliche Erlebnisse mit Bea, und den Vergleich mit einem Chamäleon - sich anpassen, die Farbe wechseln, je nachdem. So in der Nähe des damaligen Chefs, einem altmodisch höflichen Mann, dem es gefiel, von einer jungen Frau wie Bea umgarnt zu werden. „Ich mag diese Vatertypen, eine Gestalt zum Anlehnen", beschrieb sie seine Anziehungskraft. Keine, nicht die geringste Gelegenheit ließ sie aus, das enge Verhältnis zur Chefetage anderen vorzuführen, daran hatte sie hart gearbeitet... Leichtfüßigkeit schließlich beim Erreichen des Ziels: die Freundschaft zur Ehehälfte - kassiert. Und die Privilegien häuften sich.

Rollenwechsel. „Ach die", hieß es später, „von den beiden wollt' ich mir dann doch nicht die Welt erklären lassen."

Dann kam der Firmennachfolger, erinnerte sich Katja. Bea, selbstredend schön, urteilte hart: „Verschroben ist er, trägt Wildlederslipper, Siegelring und Krawatte. Nicht mein Typ." Kein Bekenntnis - nur eine vorübergehende Abgrenzung. Bea war die äußere Erscheinung unwichtig, alle Register hatte sie gezogen, um bei ihm aufzufallen, besonders die der Weiblichkeit. Beim morgendlichen Treffen vor dem Fahrstuhl fiel Katja auf, dass Bea keine hochhackigen Schuhe mehr trug, und nur noch auf flachen Sohlen lief. Sie unternahm eben alles, um sich der Firmenspitze zu nähern, um den Abstand zu verringern. Ins Machtzentrum vorzudringen war für Bea höchstes Gebot, und es schien sich zu lohnen: Lobesworte über sie und Anerkennung - für besondere Leistungen. Besondere Leistungen? Katja erinnerte sich an den Austausch der Blicke zwischen ihr und den Kolleginnen und Kollegen. Vielleicht waren diese „Leistungen" im Geheimen geschehen, privat, zumindest nicht offen sichtbar. Der Neue sparte auch nicht mit Komplimenten ihr gegenüber, und redete sie an mit „meine Liebe" oder „gnädige Frau". Selbst in offiziellen Sitzungen geizte er nicht mit solchen oder ähnlichen Bemerkungen. Ein Prinzip. Eine Strategie. Beas Erfolgsgeheimnis. Nein. Es war so lächerlich, so unwürdig, dachte Katja.

Sie selbst hatte nach all diesen üppigen Einblicken auf eine kleine kuriose Welt damals den Kurs gewechselt, war offen geworden für den anderen Teil ihres Lebens.
Ob sich Anna irgendwann melden würde?

Barbara Otte
Was ich gesucht und endlich fand...

Mit euch bin ich den langen Weg gezogen,
treu und liebend reichte ich euch meine Hand.
Ihr dafür habt mich geblendet und betrogen,
so dass ich in eurer Nähe keine Liebe fand.

Zieht blindlings hin in euer unbedachtes Leben
wo meine Träne um euch keinen Platz mehr hat.
Was ich mit euch durchlebte, es bleibt geschehen,
dass Beziehung keinen wahren Freund mehr fand.

Die Langmut meines Herzens habt ihr übertreten,
bis an den letzten Tag verworfen mein Gefühl.
Wir konnten leider nicht mehr miteinander reden,
denn innig liebende Worte, wurden euch zu viel.

Vor Augen sieht der Mensch oft nicht das Wahre an,
oft widerstreben ihm Empfindungen seines Nächsten.
Mir wurde klar, dass ich bei euch nicht finden kann,
was ich gesucht und endlich fand, beim Allerhöchsten.

„Verbunden"
Dorothea Möller

Gemeinsamkeiten, Herzlichkeit, Ehrlichkeit, Vertrauen, das sind nur einige Stichwörter aus dem Lexikon der Freundschaft.
Freude schätzen einander nicht nur, sie führen Streitgespräche, denn nur so können sich beide Parteien weiterentwickeln.
Manchmal liebt man seine Freunde auch auf eine besondere Art und Weise, so werden sie im Laufe der Zeit und Jahre wie ein Teil unserer Familie.
Ein wahrer, wirklich guter Freund nimmt immer einen ganz speziellen Platz im Herzen ein, der nur ihm gehört!

        Freundschaft ist die kleine, fröhliche „Schwester" der Liebe.

Sieglinde Seiler
Freundschaft

Reicht ein Mensch
dem Freund die Hand,
spürt er der tiefen Freundschaft
beide lange verbindendes Band.

Vertrauen und Nähe,
sich stumm verstehen,
wenn im Leben die Worte
schwer über die Lippen gehen.

Dasein für den anderen,
wenn ihn etwas schlaucht!
Ehrlich sein und offene Worte,
weil Freundschaft das braucht.

Karen Plate-Buchner
Einem anonymen Facebook-Freund ins Stammbuch

Du hast mein Leben kolossal verändert,
mit dir bin ich des Nachts durch meine Stadt geschlendert,
du hast den Sinn des Lebens mir gezeigt
und das, was der Chronist am liebsten hier verschweigt.

Du warst fast überall in deinem Element,
hattest unglaublich viel Temperament,
du sangst, du maltest und du triebst auch Sport,
du liefst sogar fast einen Weltrekord!

Natürlich schriebst du auch ein tolles Buch,
bei mir blieb's bei nem kläglichen Versuch.
Du kanntest jede Hoch- und Subkultur,
ich scheiterte, verlor fast deine Spur.

Für mich warst du schön, stark, intelligent -
in Wirklichkeit: ein kriminelles Element.

Ingrid Semmelmann

Vertrauen
Alles sagen
Auch mal schweigen
Immer im richtigen Moment
Jederzeit

Durch Begegnungen mit Menschen erfahren wir den Wert des Lebens.

Sacrydecs

**Liebe zerronnen…,
    Freundschaft gewonnen!**

Wenn Träume schön wie Seifenblasen schimmern
und doch plötzlich zerbersten,
wenn dann wenigstens noch Freundschaft bleibt,
ist sie der beste Trost für allezeit.

Wenn heißbegehrte Liebe weicht,
Träume zerplatzen,
Freundschaft aber nicht verbleicht,
die neue Art der Beziehung konstant tiefer greift,
haben wir nachhaltig Trost und Halt.

Der sehr gemochte Mensch geht nicht verloren,
wird für immer neu gewonnen
und hochgeschätzt.

Auch wenn wir uns nicht mehr lieben,
gern haben wir uns weiter.
Werden lebenslang zueinander stehen,
auch wenn wir getrennte Wege gehen.

Getrennte Wege gehen, ist kein Problem,
wir können uns ja jederzeit wiedersehen!
Uns normal miteinander verstehen
und anständig miteinander umgehen
– ganz ohne Feindseligkeit.

Liebe zwar bitter verloren,
aber Freundschaft teuer auserkoren.
Das innere Band niemals zerreißt,
uns für immer ganz fest zusammenschweißt!

Auf dem Bahnhof
Uschi Hörtig-Votteler

Der Zug fuhr tatsächlich aus dem Bahnhof! Das bisher nie gekannte Gefühl von Einsamkeit stand plötzlich übermächtig neben ihm.
Vom Abschiedsschmerz gequält, aufgewühlt vom letzten Oboe-Abend, schaut Bastian in die Abendsonne. Nimmt er diese ausgesprochen seltene Abendstimmung überhaupt wahr? Seine Gedanken haben ihn wieder zurückgetragen zu dem vergangenen Abend. Diese Melodie wird ihn nie mehr loslassen, genauso wenig wie die Verbundenheit mit dem Spieler!
„Mein Klavier klingt ohne Peters Oboe hölzern und kalt, wie kann ich je wieder ein Konzert spielen?", fragt er sich. Die Freundschaft mit Bastian hat die beiden Musiker zu einer Perfektion im Konzert gebracht, die für jeden von ihnen ungeahnte Tiefe und Wärme entwickelte. Es soll keine Zufälle geben?

Vor einer Woche hatten sie sich noch nicht gekannt, geschweige denn daran gedacht, mit einem 'wildfremden Menschen' auf der Bühne zu stehen und gemeinsam zu musizieren. Wäre da nicht der Solist des Oboe-Konzerts erkrankt, hätte Peter nicht aus Berlin als Ersatz einspringen müssen. Das gesamte Orchester hatte gedacht, wenn das mal gut geht.
Es war mehr als gut gegangen, schon die Proben waren für alle Beteiligten ein Erlebnis der besonderen Art. Seelenfunken zwischen Flügel und Oboe!

Bastian und Peter erlebten eine Freundschaft und Nähe wie nie zuvor. An genießen war nicht zu denken, denn jeder hatte im Hintergrund die Trennung. Hatten sie doch seit Monaten ihren festen Tourneeplan und Vertrag in der Tasche! Getrennt natürlich. Ihre Seelenverwandtschaft entdeckten sie erst mit dem ersten Ton des Blasinstrumentes. Die Tage vergingen wie im Flug und der Erfolg beim Konzert mit nicht enden wollendem Beifall, hatte eine Zugabe erfordert. Völlig überrascht hatten sie unerprobt, einfach „aus dem Bauch heraus" ein Stück ausgewählt. Mit bestem Erfolg, wie der erneute Beifall zu verstehen gab. Wie wird es weitergehen? So eine Harmonie ist wirklich ein Jahrhundertereignis!
Trotzdem, Peter und seine Oboe werden in den USA zu hören sein.

Auf Bastian wartet ein Flügel in den Konzertsälen Japans!
Vor der Abreise hatten sie sich noch Beide versprochen, nach diesem langen Tournee-Jahr eine gemeinsame Konzertreise zu organisieren.
Kann in den wenigen Tagen so eine Freundschaft entstanden sein?
Wird sich die Verbundenheit erhalten, trotz der räumlichen Distanz?
Sollte sich in dieser kurzen Zeit tatsächlich eine so intensive Beziehung entwickelt haben? Wird sich das gegenseitige Versprechen realisieren lassen?

Lieselotte Degenhardt
Manchmal brauchen wir

Manchmal brauchen wir einen,
der uns sagt, wo es langgeht:
Das Kaffeewasser kocht.
Das Telefon klingelt.
Vergiss nicht den Regenschirm.

Manchmal brauchen wir einen,
der an uns glaubt und zu uns steht
und am Ende des Tages
uns einschließt in sein Gebet.
Der uns zur Brücke führt oder
auf der anderen Seite erwartet.

Es gibt diesen Einen,
seine Augen glänzen wie Kastanien,
der trägt seinen Namen
wie ein Lächeln im Gesicht.
Im Sturm gibt er mir Halt und Zuversicht.
Das Schicksal hat es gut gemeint:
Es schickte mir einen Freund.

PIA
Christiane Spiekermann

Ich sitze vor meinem Schrank, Berge von Kleidungsstücken neben mir auf dem Boden. Seit Stunden quäle ich mich durch den Wust der Entscheidungen. Was kann weg? Was steht mir? Was ist unvorteilhaft oder unmodern? Verzweifelt raufe ich mir die Haare. Und dann, ganz plötzlich, rollen die ersten Tränen über meine Wange. Rasch wische ich sie weg. Das ist albern! Wegen ein paar Klamotten jetzt zu heulen. Wenn mich Heinz so hier finden würde. Er würde den Kopf schütteln und etwas murmeln, das wie „Weiber sind doch komisch" klingen würde. Und er hätte recht. Ich bin manchmal komisch. Da sitze ich, schluchze und weiß nicht warum. Doch dann überfällt es mich wie ein Blitz und der Gedanke überrollt mich wie eine Dampfwalze.
Mir fehlt Pia. Meine Pia, die vor fünf Jahren mit ihrem Mann nach Kanada ausgewandert ist. Meine beste Freundin Pia. Die, mit der ich durch dick und dünn gegangen bin. Die mich verstanden hat. Wenn ich traurig war, hat sie erst mit mir geweint und mich anschließend zum Lachen gebracht. Die mir ehrlich gesagt hat: „Jetzt, meine liebe Anne, bist du aber ganz schön zickig!" oder „Wenn du dir diesen Rock kaufst, sehen deine Beine aus wie der Kartoffelstampfer in der Küche meiner Mutter!" oder „Schläfst du heute Nacht bei mir? Ich kann im Moment nicht allein sein."
Ich brauche meine Freundin, die mit mir meinen Schrank durchforstet und sich über das eine oder andere Stück lustig macht, und versucht, mir ein anderes abzuluchsen.
Ich vermisse sie. Nicht nur heute.
Ich lehne mich mit dem Rücken gegen den Schrank. Gott, was hatten wir für einen Spaß, als wir zum allererstenmal auf Malle Urlaub gemacht haben. Wir sind durch die Discos gezogen und haben den Männern erzählt, wir wären ein Lesbenpärchen. Über die verschreckten Blicke haben wir uns noch Wochen später amüsiert.
Nun kommt Heinz herein. Seine Augenbrauen hochgezogen bis zum Anschlag, kann er seine Verwunderung nicht verbergen. Er sieht seine Frau inmitten eines Wäscheberges auf dem Boden sitzen, ihr Make up von Tränen verschmiert, die weinend vor sich hin kichert wie ein kleines Mädchen, beim Anblick seiner Mimik schallend lacht und sich dann den

Bauch festhält. Der Arme! Da soll er nun die Frauen verstehen!
Pia hat Sinn für Situationskomik. Sie hätte hieran auch ihren Spaß. Sie war dabei gewesen an dem Abend, an dem ich Heinz kennenlernte.
Und ich war ihre Trauzeugin, als sie Bob heiratete. Hätte ich damals schon gewusst, dass sie mit ihm fortgehen würde eines Tages, dann hätte ich sie vielleicht nicht unterstützt dabei, ihn näher kennen zu lernen.
Als ich dann die Fehlgeburt hatte, ist sie immer zur Stelle gewesen, wenn ich sie gebraucht habe. Sie hat nicht nur mich, sondern auch Heinz getröstet.
Pia, meine Freundin. Ich vermisse sie! Ich brauche meine Freundin. Pia, die mit mir weint und lacht, mit mir streitet und mich in den Arm nimmt. Die mit mir Kuchen backt und ins Kino geht. Die mit mir Schnulzen-Serien im Fernsehen anguckt und mit mir über Männer lästert. Die mich auch ohne Worte versteht und die mit mir albern sein kann wie ein Teenager. Die mit mir Klamotten tauscht und Schuhe kaufen geht. Die mir zuhört und sich für mich rächen will. Die mich mitten in der Nacht anruft, weil sie mir unbedingt etwas erzählen muss und die ungefragt für mich Essen kocht, wenn ich krank bin.
Zeitverschiebung hin oder her - ich rufe sie jetzt sofort an!

David Rebmann
Intention und Geist. Alle

Halbschwer die Seele entfloh, um einige zu vermeiden,
was wie Licht auf Tuch war.

Er kämpft gegen den falschen Namen, die Fähigkeit,
die ehemaligen Feinde zu beziehen.

Gut gegen einen solchen Moment: Frauen,
sowie nur das Versprechen der neuen leichten Mädchen.

Mein Freund Markus
Angie Pfeiffer

Markus ist mein Freund solange ich denken kann. Unsere Eltern sind zusammen zum Kegeln gefahren, da gab es zwar Klaus Lage, aber nicht seinen Song übers Zoomen. Während sich mein älterer Bruder mit Markus' älterer Schwester unterhielt, und später mit ihr knutschte, mussten wir irgendwie miteinander auskommen.
Erst einmal herrschte eine Eiseskälte zwischen uns. Bis ich ihm aus Versehen beim Öffnen einer Pittjes-Packung kräftig in die Vorderzähne schlug. Von da an war das Eis gebrochen, wir wurden Freunde.
Er klaute seiner Schwester die ‚Bravo', weil mein Taschengeld dafür nicht reichte. Ich nähte seinem Straßenfußball-Team Nummern auf die T-Shirts, obwohl ich gar nicht nähen kann.

Später sorgte er dafür, dass ich meinen ersten Rausch nicht im Straßengraben ausschlafen musste. Im Gegenzug erzählte ich meiner Banknachbarin Svenja, dass er ein total heißer Typ wäre. Das verhalf ihm zu seinem ersten Zungenkusserlebnis. Damals waren wir fünfzehn Jahre und seitdem haben wir uns unzählige Male geholfen. Er stellte mich seinem Mitfußballer Oliver vor und reichte mir ein halbes Jahr später seine Tempotücher, weil dieser Oliver Yvonne aus dem Nebenhaus viel toller fand als mich.
Ich lieh ihm meine Schulter, als ihn meine Arbeitskollegin Gilla wegen unseres jungen und dynamischen Abteilungsleiters verließ. Er brachte mir Schokoladenplätzchen, als meinem damaligen Freund die Karriere wichtiger war als ich. Oder als meine Ehe in die Brüche ging. Wir trösteten uns immer, wenn irgendetwas in unseren Beziehungen danebenging.

Heute sitze ich, fein gemacht, am Tisch des Brautpaares. Schließlich bin ich Markus' älteste Freundin. Die Torte ist angeschnitten und verteilt, Markus hat mir seine Tempotücher gegeben. Dabei hat er sich zu mir heruntergebeugt und geflüstert: „Du siehst hinreißend aus, wenn du heulst."
Die Band spielt eine Liebesschnulze. Markus, der umwerfend in seinem Anzug aussieht, schwebt mit Nadine aus meinem Yoga-Kurs an mir vorbei. Die beiden sind total verliebt. Na ja, sonst hätten sie nicht geheiratet.
Ich schlucke, putze mir mit Markus' letztem Taschentuch die Nase.
Dann versuche ich nett zu lächeln und setze mich neben Olaf, aus Markus' Altherren-Fußballmannschaft.

an den freund   **für christian schilling**

im licht
eines sonnigen herbsttages
schauen wir aufs leben
außer reichweite der lesebrille.

in unseren erinnerungen,
in denen es keine zeit gibt,
mag manches anders werden,
als es tatsächlich war,
kein vergessen,
ein verzeihen.

an unserer einstellung
kann nur der mut etwas ändern
oder die lebenserwartung
der liebe, von der wir
nicht wollen, dass sie sich
in einem keller verstecken muss.

wir wollen das offene
und im gespräch bessere antworten
als viele fragezeichen,
die handschrift der toleranz
und wärmende gedanken
in kalter welt.

wir wollen freunde bleiben
und freunde sein, dankbar,
unwiderruflich zu existieren,
solange wir leben.

michael starcke

Döner Dancing
von Heike Albertz

„Huhu Haheiinz!"
Die schrille Stimme seiner Nachbarin Gertrud Müller, erreichte auch den letzten Winkel des Gemeindesaales.
Heinz Johannsen stand am anderen Ende des Saales. Er kam sich ein wenig verloren vor zwischen all den fröhlichen Menschen und sein neuer Anzug, den er sich extra für diesen Abend gekauft hatte, fühlte sich fremd an.
„Heinz, warte doch!", hörte er Gertrud erneut rufen.
Die Tanzfläche und rund hundert Stühle trennten ihn noch von ihr. Wenn er jetzt den Hinterausgang nahm, könnte er in fünf Minuten auf seinem Sofa sitzen. Doch da stand sie neben ihm. „Komm, wir wollen tanzen", bestimmte Gertrud und hakte sich bei ihm unter.
„Ich kann nicht tanzen."
„Papperlapapp, jeder kann tanzen."
Heinz war mindestens zwei Köpfe größer als Gertrud, doch mit ihrer Energie konnte er es nicht aufnehmen. Die Musik war laut und schnell. Sie dröhnte in seinen Ohren und er fühlte sich zu alt für diese Hopserei. Tanzen konnte man das nicht nennen. Sie hatten die Mitte der Tanzfläche erreicht und ohne auf Heinz' erschrockenes Gesicht zu achten, legte Gertrud ihre Hände schraubstockartig um seine Hüften. Erst jetzt nahm er die Musik richtig wahr.
„Ich hab ne Zwiebel aufm Kopf, ich bin ein Döner", ertönte es aus den Lautsprechern.
Heinz glaubte, sich verhört zu haben. Er starrte Gertrud an, die schlangenartige Bewegungen mit ihrer Taille machte und dazu ihre rundliche Figur in heftige Wallungen versetzte. Fassungslos bemerkte er den künstlichen Haardutt, der wackelnd und gelb wie eine Zwiebel an ihrem Hinterkopf klebte. Gertrud Müller war ein Döner! Ihm reichte es. Als seine Tanzpartnerin das nächste Mal um sich selbst kreiste, ließ er sich von der Menge verschlucken und flüchtete aus dem Saal.
Im Freien atmete er tief die laue Nachtluft ein und fiel erschöpft auf eine Holzbank, die unter einer großen Eiche stand. Was zum Teufel hatte ihn bewogen, seine Nachbarin zum Maitanz zu begleiten? Seit Jahren war er nicht mehr Tanzen gegangen. Genaugenommen, seit seine Frau vor drei Jahren plötzlich gestorben war. Marianne - die Erinnerung an sie ließ ihn

wehmütig in den dunklen Abendhimmel starren. Einige wenige Sterne schauten zu ihm herunter. Da! Die Kassiopeia, Mariannes Lieblingssternbild. Sie hatten oft auf der Terrasse gesessen und zugesehen, wie am nächtlichen Himmel die Sterne erwachten.
„Pling!", hatte sie jedes Mal begeistert ausgerufen, „da ist wieder einer."
Heinz zwang seinen Blick auf die Erde. Durch die erleuchteten Fenster des Gemeindesaales konnte er die ausgelassen tanzenden Dorfbewohner erkennen. Mittendrin Gertrud, ohne das zwiebelige Haarteil - den Bürgermeister fest in den kräftigen Armen. Seine Stielaugen versanken in ihrem wogenden Busen. Heinz konnte ihn verstehen. Gertrud war eine patente Frau. Ohne zu fragen, hatte sie sich nach Mariannes Tod um ihn gekümmert. Hatte die Wäsche gewaschen, bis er mit der Waschmaschine umgehen konnte. Hatte für ihn eingekauft und die Fenster geputzt. All die Dinge, die Heinz ohne seine Frau erst mühsam hatte lernen müssen. Ihre derbe Art hatte ihn vor mancher Depression bewahrt. Ganz einfach, weil sie ihn sofort am Hosenboden herausgezogen hatte, wenn er in ein tiefes Loch zu fallen drohte.
„Papperlapapp", hatte sie geschnaubt, „Depressionen, wo gibts denn so etwas?" Dank Gertrud war er in seiner Trauer nicht versunken. Sie hatte ihn begleitet, wie eine warme Decke, die ihn schützte, vor der kalten einsamen Welt dort draußen. Wenn er im Garten arbeitete und Mariannes geliebte Blumenbeete vom Unkraut befreite, sprach er mit seiner Frau. Dann hörte er ihre weiche Stimme, die im Mut zusprach - bis Gertrud Müller in ihren Gummiclogs um die Hausecke stapfte und ihn nötigte, den selbst gebackenen Pflaumenkuchen zu kosten. Heinz lächelte. Unterschiedlicher konnten die beiden Frauen nicht sein. Und doch waren es die wichtigsten Menschen in seinem Leben. Entschlossen erhob er sich von der Bank.
Als Heinz den Gemeindesaal betrat, tanzten einige Paare zu „*Time of My Life*" aus dem Film „*Dirty Dancing*".
Gertrud stand mit dem Bürgermeister an der Bar. „Darf ich bitten?", fragte Heinz und streckte ihr seine Hand entgegen.
Seine sonst so vorlaute Nachbarin errötete, als sie sich zur Tanzfläche führen ließ. Gertrud war kein Döner, sondern eine gestandene, gar nicht mal so unattraktive Frau, fand Heinz, als er einen Augenblick später mit ihr über das Parkett wirbelte. „Wie romantisch!", rief eine dralle Dame. Der Bürgermeister guckte verdrießlich.
„Er hat vergessen ,*mein Baby gehört zu mir*' zu sagen."

Schaut mal vorbei!
Regina Berger

„Hallo Frau - warten, ich helfen, bitteschoen!" Frau Urbanowitsch aus Weißrussland und Frau Volkert aus Wuppertal, in Deutschland, beide aus der Nordstadt, eilen hinter Frau Yilmaz her. Die ist neu hinzugezogen und späht ängstlich unter ihrem Kopftuch hervor. Die Russin mit der tiefen Stimme und dem wilden Haarschopf nickt der zarten Türkin freundlich zu und nimmt ihr geschwind drei von fünf großen Plastiktüten ab. Sie wohnen tatsächlich nur ein Haus voneinander entfernt und haben sich heute im Eiscafé, in der Einkaufszone, durch ihre Kinder flüchtig kennen gelernt.
Frau Urbanowitsch lädt die beiden Frauen spontan zum Tee zu sich ein, falls sie die legendäre endlose Treppe zu den Häusern hinauf, mit dem Einkauf wie Esel beladen, ohne größeren Schaden überstehen sollten.
Frau Yilmaz bewundert den blinkenden Samowar bei Frau Urbanowitsch, staunt über das Klo auf halber Treppe, indem nur sie allein wirklich aufrecht stehen kann und lobt den Ausblick aus dem geöffneten, schrägen Dachfenster bei ihrer neuen russischen Freundin.
Die drei ungleichen Frauen kommen sich bei Tee und Wodka näher und entdecken Gemeinsamkeiten.
Sie lieben Kinder über alles – nur, dass Brigitte Volkert keine eigenen hat. Sie leben in festen Partnerschaften, in denen die Männer dominieren und nur Wanda, sie sind jetzt beim ‚Du' angelangt, ihren Liebhaber schon mal vor die Tür setzt, wenn er handgreiflich wird.

Selda Yilmaz und Wanda Urbanowitsch sehnen sich nach ihrer Heimat, nur Brigitte Volkert ist restlos zufrieden in dem gemütlichen Stadtviertel. Hier fühlt sie sich wohl und deshalb lädt sie überschwänglich die beiden Frauen zum Abschluss in das kleine urige Weinlokal bei Karim ein.
Selda Yilmaz lässt sich von einer aufgedrehten Wanda auf ihr Kopftuch küssen und sie tanzen Polka auf den zusammengeschobenen Tischen.
Menschen laufen vorbei und schauen neugierig durch die Fenster.
Sie rufen andere herbei und die Fröhlichkeit ist so ansteckend, dass niemand widerstehen kann. Das Lokal ist bis zum letzten Platz besetzt.
Männer und Frauen prosten einander mit und ohne Alkohol zu.
Die Partner der drei Frauen sind mit den Kindern hinzugekommen und

verstehen sich auch nach kurzer Zeit.
Wanda überzeugt ihren Janusz, dass er mit Heinz und Mehmet, den Partnern der neuen Freundinnen, jeden zweiten Sonntag mit den Kindern Fußball spielen, in den Zoo zum Elefantenhaus, oder in den schönen, alten Park laufen kann. Die Herren lächeln der unwiderstehlichen Wanda zu und klopfen sich gegenseitig auf die Schulter. Warum nicht? Eine gute Idee. Die Kinder sind sowohl Gottes als auch Allahs Geschenk.

Wanda will die kinderfreie Zeit nutzen, um mit Selda und Brigitte Ausflüge zu unternehmen oder Tee zu trinken. Oder aber, und das ist genial, gemeinsam mit allen ein interkulturelles Fest gestalten. Alle Nationalitäten in der Stadt könnten mit ihren jeweiligen Bräuchen an vielen Ständen dabei sein. Wanda lacht schallend und ist lustig. Dann trinkt sie nur noch Wasser, um die Festidee nicht im Wodka zu ertränken.
Während die Männer, die sich immer sympathischer werden, das nächste Treffen planen, werden die ersten Stände in ihren Köpfen entwickelt, an denen die Besucher traumhaft schöne Geschenke vorfinden werden. Sie wollen im Baumarkt das nötige Material hierfür beschaffen und mit den Kindern kreative Häuschen oder Zelte entwickeln, die genauso farbenfroh und beeindruckend werden sollen wie Karnevalswagen. Heinz stellt zum Basteln seine Garage zur Verfügung.

Eine Woche später sitzen die drei Frauen entspannt mit Fladenbrot, türkischer Milch, Käse, Wurst und Wodka bei Wanda zusammen. Sie beschließen das große Fest jetzt aus der Taufe zu heben. Jede soll ihre traditionelle Musik zur Untermalung mitbringen und russisches, türkisches und deutsches Singen auf dem Festgelände anregen. Sie lassen sich beschwingt und voller Vorfreude eine Liedabfolge einfallen.
Es wird immer später. Sie warten bei Wanda unterm Dach bei offenem Fenster auf ihre Männer und Kinder, die nach dem Zoobesuch ein Fußballspiel bei Mehmet ansehen wollten. Es ist eine sternklare Nacht.
Die drei Freundinnen üben laut und etwas schräg die unterschiedlichsten Lieder für das große Fest ein. Ihr Gelächter dringt bis auf die Straße herunter. Wandas tiefes, röhrendes Lachen ist besonders laut zu hören, auch wenn sie statt Wodka nur Wasser im Glas hat.
Wollt ihr sie sehen? Schaut mal vorbei!

ÜBER DIE FREUNDSCHAFT
Heidemarie Opfinger

Freundschaften gehören zu unserem Leben.
Zunächst ist es die Kinderfreundschaft als Stadium menschlicher Annäherung, die gelernt und geübt werden will.
Dann folgen die Teenager- und die Jugendfreundschaft. Sie dienen dazu, kleine Geheimnisse zu tauschen, Liebeleien, Verliebtheit oder Schwärmereien zu pflegen und mit Hilfe einer Gruppe die Ablösung von den Eltern leichter zu schaffen.

Die Erwachsenenfreundschaft ist die schönste und wertvollste, denn sie kann ein Leben lang anhalten, Höhen und Tiefen überdauern, Halt geben in Krisensituationen und in guten Zeiten eben einfach da sein.

Diese Art der Freundschaft hat etwas Bedeutungsvolles an sich.

Plötzlich triffst du in deinem Leben einen Menschen, der dich wie ein Magnet anzieht, von dem du zu fühlen glaubst, dass er auf deiner Wellenlänge liegt. Du kannst mit ihm über die Dinge sprechen, die dir besonders am Herzen liegen. Ihr verbringt viel Zeit miteinander, ihr helft euch gegenseitig wo immer möglich. Und je länger du ihn kennst, umso mehr glaubst du, dass du endlich den besten Freund deines Lebens gefunden hast.

Aber die Zeit bleibt nicht stehen. Jeder von euch entwickelt sich auf seine Weise weiter, weil ihr Individuen seid, weil ihr unterschiedliche Bedürfnisse habt oder sie entwickelt und dabei neue Prioritäten setzt. Selbst wenn du zuerst am anderen nichts Kritikwürdiges finden konntest, beginnst du nun, den Freund in einem neuen Licht zu sehen. Du entdeckst, dass der andere ein eigenes Ich hat und plötzlich die Deckung seiner neuen Bedürfnisse in den Mittelpunkt stellt. Ohne zu wissen, wie dir geschieht, fühlst du dich jetzt als Randfigur. Du siehst, dass du aus seinem Blickfeld gerückt wurdest. Für viele entsteht daraus ein Konflikt, der gemeinsam gelöst werden kann. Für andere steht fest, dass sie sich jetzt einfach zurückziehen. Wieder andere beenden ohne Begründung ihre Freundschaft.

Der Rückzug bringt mit sich, dass man den Freund, den anderen Menschen, aus der Distanz in einem neuen Licht sieht. Man kann jetzt mehr von seinen Facetten erkennen, zum Beispiel, dass er einfach strukturiert ist und wenige Puzzleteile zu ihm gehören: er hat einige Grundbedürfnisse, welche auf eine geringe Bildung hinweisen, nur wenige geistige Interessen und leider auch keine Liebhabereien. Er liebt den Rummel und braucht immer Theater, ist ein rasch handelnder Mensch. Dies ist durchaus positiv, wenn sich in einer Freundschaft beide in diesem Sinn ähnlich sind.

Durch die Distanz erkennst du, dass der andere nur sehr begrenzt in dein Bild passt. Und du beginnst auch von dir selbst ein neues Bild zu gewinnen, indem du erkennst, was dir fehlt.

Wo sind die klugen Gespräche über Gott und die Welt, über Literatur, Theater, Kunst, über Geschichte und Wissenschaft, über Handwerk und Hobby, über Vergangenheit und Gegenwart, über alles, worüber man sich eben geistig austauschen kann? Gespräche, die anregen und weiterbringen, die geistig fordern und fördern? Indem du erkennst, welche Bedürfnisse du wirklich hast, kannst du dich auf die Suche nach den Menschen machen, die ähnliche Bedürfnisse haben. Dabei folge selbstbewusst deinen Vorstellungen.

Bedenke: Jede Freundschaft – und dauert sie auch nur einen Urlaub lang oder nur drei Tage und drei Nächte – ist wertvoll und hat ihren Sinn und ihr Gewicht in unserem Leben. Seien wir dankbar für jedes Geschenk dieser Art, weil es uns bereichert. Wir brauchen diese Erfahrungen auf unserem Entwicklungsweg.

Und wenn eine Freundschaft zu Ende geht oder zu Ende gegangen ist, dann ziehe Bilanz und erkenne die Chance für Neues.

Konfuzius hat es in den folgenden, wunderbaren Satz gefasst: „Nimm dir den nicht zum Freunde, der dir nicht ebenbürtig ist."

Ingrid Semmelmann

In deiner Nähe
Fühle ich mich geborgen
Schön, dass es dich gibt!

Mein bester Freund
Antje Steffen

Mike war schon mein bester Freund, bevor wir in die Schule gekommen sind. Jeden Tag haben wir auf dem Hof gespielt. Mike wohnte gleich um die Ecke und unsere Häuser hatten einen gemeinsamen Hinterhof. Dieser Hof war sehr groß mit einer ausgedehnten Rasenfläche und ein paar Bäumen. Auch einen Sandkasten gab es. In ihm haben Mike und ich oft gespielt. Wir haben dort Autobahnen für unsere Flitzer gebaut, aber auch Löcher gegraben und so gestaltet, dass wir darin Möbel aus Sand hatten. Dabei hatten wir eine Menge Spaß, auch wenn es manchmal Zoff gab und wir uns einmal sogar geprügelt haben.
Mike war schon als Kind nicht ganz gesund. Er hatte Probleme mit der Schilddrüse und war zu dick. Das war mir egal, denn auf Mike konnte ich mich verlassen. Er war immer da, wenn ich ihn brauchte.
In der Schule kamen wir in die gleiche Klasse. Leider hatte Mike Probleme, Lesen zu lernen und er musste die erste Klasse wiederholen. Trotzdem blieben wir Freunde.
Später entwickelten wir uns auseinander und hatten ein paar Jahre keinen Kontakt, obwohl wir fast Tür an Tür wohnten.
Als ich eines Abends weinend nach Hause kam, traf ich Mike vor seiner Haustür. Er fragte mich sofort, was los wäre. Wir gingen in die Wohnung seiner Mutter und in sein Zimmer. Ich hatte Liebeskummer und Mike hörte sich geduldig mein Gejammer an.
Von diesem Abend an verbrachten wir wieder mehr Zeit miteinander. Wir gingen ins Kino, sahen uns Videos an und quatschten nächtelang.
Mike musste noch einige Male meine Tränen ertragen.
Erst als ich meinen Mann kennenlernte, heiratete und mein Sohn auf der Welt war, riss der Kontakt zu Mike ab. Er besuchte mich und meine Familie einmal und dann wurde es still zwischen uns. Ich glaube, er wollte sich überzeugen, dass es mir wirklich gut ging und sich auch meinen Mann genauer ansehen.

Erst ein paar Jahre später traf ich Mike zufällig bei einem Stadtbummel. Mike sah nicht gut aus und erklärte mir, die Ärzte hätten einen Tumor in seinem Kopf gefunden. Zwar wusste er noch nichts Genaues, doch wollte er auf keinen Fall Mitleid. Er erklärte mir, dass ihn das ganze Getue um ihn nerve und er sich am liebsten vollkommen zurückziehen würde.

Da er zwischenzeitlich umgezogen war und ich seine Adresse und Telefonnummer nicht hatte, konnte ich nie herausfinden, was aus Mike geworden ist.

Ich denke oft an Mike und frage mich, ob ich nicht energischer nach seiner Telefonnummer hätte fragen sollen. Da ich jedoch das Gefühl hatte, dass Mike keinen Kontakt wollte, habe ich seine Entscheidung schweren Herzens akzeptiert.

Durch Begegnungen mit Menschen erfahren wir den Wert des Lebens.

Ingrid Baumgart-Fütterer
Ein Kind Gottes

Die Erinnerung an unsere Freundschaft
lässt Dich in mir lebendig werden
und ich fühle,
wie Du durch die Räume
meiner Seele schwebst,
zum Greifen nah
und doch unfassbar unnahbar.
Es tröstet mich,
dass ich Deine Präsenz
in meinem Herzen spüre,
wann immer ich in Gedanken
bei Dir bin,
denn Du bist ein Kind Gottes.

Michaela Piontek

Antwort auf eine nicht gestellte Frage

Weil ich kein „gescheiterter Versuch" sein will,
kein „verlorenes Spiel"
in deinem Leben:
ich mag dich
weil du Freiheit brauchst
wie Luft zum Atmen
weil deine Augen weiter sehen
als nur bis zum eigenen Gartenzaun
weil du mutig bist
und schwach sein kannst

Du sagst mir die Wahrheit,
wenn ich vor mir selber kneife
Wenn ich traurig bin,
tut dein „Mitschweigen" gut

Wir können zusammen
reden, schweigen, lachen,
traurig und nachdenklich sein,
die Welt rosig oder düster sehen,
Wärme geben und annehmen

Die Zeit, die wir teilen, ist wertvoll für mich
Dass es dich gibt, macht mir viel Mut

Vielleicht ist das nicht viel,
nicht alles, was du suchst,
aber es ist da, kann bleiben und wachsen,
wenn du magst…

Blätter meines Baumes
Sonja Rabaza

Viele Menschen durchkreuzen unseren Lebensweg - einige sehen wir täglich, andere weniger oft und doch haben sie ihren Platz in unserem Dasein. Manchmal begleiten sie uns nur eine gewisse Zeit – lassen viel Freude in uns zurück – berühren uns in der Zeitspanne, in der sie uns nahe sind. Jeder für sich ist einzigartig.

Manche geben viel aber es gibt auch die, die viel von uns nehmen.

Einige verlassen uns in Stunden der Not, die sie nicht mit uns teilen können, weil sie Trauer nicht ertragen.

Aber manchmal treffen wir Menschen – als wären sie von Gott gesandt um uns in schweren Zeiten beizustehen, uns zu halten, wenn Schmerz sich wie ein Pflug in unsere Seele gräbt. Sie werden unsere Seelenverwandte – mit ihnen fühlen wir uns tief verbunden. Sie sind authentisch, ehrlich, wissen, was gut oder schlecht für uns ist – was uns glücklich macht.
Sie lassen unsere Augen glänzen, sind Musik auf unseren Lippen, lassen uns leichtfüßiger durchs Leben gehen – es mit anderen Augen sehen.

Wir vergessen weder die uns nahestehenden noch die weit entfernten Freunde. Sie alle sind wie Blätter der Äste unseres Lebensbaumes. Mit den Jahreszeiten verlieren wir auch einige Blätter – sie fallen, verlassen unseren Baum und doch bleiben sie uns nahe, weil wir sie mit unseren Wurzeln der Erinnerung und Dankbarkeit nähren.

Ich sehe dich als Blatt in meinem Baum, weil ich durch dich Freundschaft, Liebe und Frieden erfahre, du mein Leben bereicherst und weil ich glaube, dass nichts im Leben zufällig geschieht.

Danke für deine Freundschaft!

Unsere liebsten Freunde
Christine Kayser

Ich blicke zurück auf das Jahr 1978.
Wir hatten lange nach einer Wohnung gesucht. Wohnungen waren sehr rar. Man konnte sie nur über eine Zuteilung von der Stadt bekommen. Aber das war fast unmöglich. Es bestand noch die Chance, in eine Genossenschaft aufgenommen zu werden. Hier mussten Genossenschaftsanteile gekauft und Aufbaustunden geleistet werden. Trotzdem sollte es noch längere Zeit dauern, bis wir das geschafft hatten.
Vorerst zogen wir in eine gerade freigewordene Wohnung. Kein Glanzstück, solche Ansprüche hatten wir damals nicht. Wir waren froh, ein Dach über den Kopf zu bekommen. Es war eine Dachgeschosswohnung gegenüber einer Kirche. Ich stöhnte beim Erklimmen der nicht aufhörenden Holztreppenstufen, die bei jedem Schritt knarrten.
Eine Wohnung mit zwei kleinen Zimmern, Küche, Korridor und Ofenheizung. Sie hatte weder Balkon, keine Dusche, keine Badewanne. Wir duschten immer im Betrieb. Betriebsangehörigen war das erlaubt.
Unsere Toilette war im Treppenhaus, eine Etage tiefer. Mein Mann und ich mussten sie mit einem Ehepaar, das einen kleinen Jungen hatte, teilen. War die Toilette besetzt, gab es einen Eimer. Der war sogar besser. Die Kloschüssel wackelte. Saß ich drauf, konnte ich mich noch so anstrengen, es gelang mir nicht immer, die Balance zu halten. Blickte ich nach oben, bekam ich Bedenken, dass die Decke, die bedrohlich nach unten hing, gleich herunter fallen würde. Bei Regen lief Wasser durch. Ein ungutes Gefühl herrschte beim Toilettengang.
Das Dach hätte längst gedeckt werden müssen. Wir stellten Schüsseln und Eimer auf den Boden unters Dach.
Im Winter sammelte sich Eis an den Innenwänden des Schlafzimmers. Ich wähnte mich als Eiskönigin eines kleinen Schlosses.
Der Vermieter hatte kein Geld zur Sanierung. Wir bezahlten 25 Mark bar monatlich. Strom war billig und Wasser für alle Mieter frei. Nebenkosten waren kaum der Rede wert, das war das einzig Gute.
Straßenbahnen quietschten, fuhren sie durch unsere Kurve. Züge fauchten über die Schienen wie Flugzeuge im Anflug. Besonders nachts und am frühen Morgen schrak ich davon auf.

Eines Tages luden uns unsere Nachbarn zu einem Besuch ein. Sie, Monika brünett, mit freundlichem Gesicht, um die Dreißig. Er, Wolfgang, gemütliche Ausstrahlung, sympathisch, so alt, wie sie, hatten uns im Treppenhaus angesprochen.
Es war Sylvester. Erwartungsvoll klingelten mein Mann und ich und staunten. Liebevoll hatten die beiden alles vorbereitet und geschmückt. Musik lief. Sie hatten viel aufgetafelt. Mein Mann, ebenfalls ‚Wolfgang' strahlte, es gab alles, was das Herz begehrte. Brötchen mit Gehacktem, eine Wurstplatte, Käseplatte, Knabbergebäck und Getränke aller Art. Ich schluckte. Wir waren schüchtern und betreten. Das legte sich bald. Wir unterhielten uns, aßen, tranken, waren guter Dinge. Der kleine Sohn lag auf meinem Schoß und neckte mich.
Nach Mitternacht stießen wir gemeinsam mit Sekt an und wünschten uns gegenseitig Glück und ein gutes neues Jahr. Der Kleine schlief längst in seinem Bettchen. Und wir konnten uns noch nicht trennen, hatten ja auch keinen weiten Heimweg.

Seither entwickelte sich eine schöne Freundschaft. Nicht, dass wir ständig „zusammenkrochen", es war so ein herzliches Verhältnis geworden, wie man es selten findet.
Unsere Freunde kauften einen Garten. Wir wurden zum Grillen eingeladen. Es gab viel zu plaudern. Lustig wurde es, wenn wir über unsere Fahrschulerlebnisse berichteten. Nur mein Mann besaß den Führerschein. Wir drei hingegen kämpften tapfer dafür, ihn auch endlich zu erhalten. Ich erzählte, dass sich in einer Kurve der Wagen plötzlich hob, seitlich kippte und auf zwei Rädern weiter fuhr. Der Fahrlehrer meinte: „Das Fahrzeug hat auch Bremsen!"
Wir verbrachten viele Stunden gemeinsam, bis sie eines Tages wegzogen. Da hausten wir immer noch unterm Dach. Die Kirchturmglocke weckte uns täglich mit lautem Geläut. Fast hatten wir uns an alles gewöhnt, doch dann kam es anders.
Später zogen wir im Laufe der Jahre mehrfach um, waren Zugvögel geworden. Lebten fast neun Jahre am Bodensee.
Eines Tages bekamen wir großes Heimweh. Meine Eltern wurden sehr krank. Wir zogen in unsere Heimat zurück und waren froh und glücklich, wieder näher bei unseren Freunden und Verwandten zu sein.
Wir wundern uns, wie schnell die Jahre vergehen. Und finden, je älter wir werden, umso rasanter verfliegt die Zeit.

In den vergangenen Jahren erlebten wir viel, unsere Freunde auch.
Leider, nun im Alter, macht sich hier und da manches bemerkbar, besonders gesundheitlich. Ist es zu schlimm, versuchen wir uns gegenseitig aufzubauen, unterhalten uns, träumen und denken an die schöne gemeinsame Zeit zurück.
Bald jährt sich unsere Freundschaft vier Jahrzehnte. Wir hoffen auf weitere schöne Lebensjahre.

Dani Karl-Lorenz
Mein Freund

Mit dir verbunden durch Gemeinsamkeiten,
in Freundschaft,
wir finden uns in Freude wieder,
im Lachen,
doch,
auch manchmal wenn der Kummer in uns brennt,
sind wir da,
in Freundschaft,
zu allen Tagen dieser Zeit,
Freundschaft,
nicht nur so dahin gesagt,
sondern gelebt,
Tag um Tag,
wie auch Jahr um Jahr,
wir sind füreinander da!

Freundschaft mit Hindernissen
eine Erzählung
von Susanne Zetzl

Seit wir in die neue Stadt gezogen sind, hasste ich die Schule. Besonders einer machte mir das Leben zur Hölle: Lukas, 16 Jahre alt und eine Hohlbirne, wie man sie noch nicht gesehen hat.
Dabei wollte ich nichts weiter, als dazugehören. Ich hatte die Nase gestrichen voll davon, ständig von allen rumgeschubst zu werden. Bis zu diesem Tag, als Lukas mich kurz vor unserer Geschichtsstunde fragte: „Hey, Kleiner! Wenn du ein bisschen Mumm in den Knochen hast, dann stellst du dich einer Mutprobe!"
Ich schob die Hände in die Taschen. „Warum sollte ich das tun?", fragte ich, ohne ihn anzusehen.
„Weil du dann in unsere Clique aufgenommen werden könntest, oder Jungs?", fragte er in die Runde seiner Anhänger, die ihm bei jedem Wort an den Lippen klebten.
„Was müsste ich denn tun?"
„Etwas, sagen wir mal ... an dich nehmen. Nur leihweise. Uns zeigen, was du genommen hast und es später wieder zurückbringen."
„Und was?"
Lukas nickte auf den Tisch neben der Tafel. Dort hatte unser Lehrer Lentz einige Gegenstände aufgereiht, die uns die Zeit der großen Könige und Kaiser näherbringen sollte: ein altes Schwert, ein Buch, ein rot gesiegeltes Pergament, einen Siegelring.
Ich sollte davon etwas wegnehmen? Jetzt? Der Lentz war kurz vor die Tür gerufen worden und unterhielt sich mit einer Kollegin. Ich dachte nicht lange nach – das war die Chance, endlich allen zu zeigen, was für ein Kerl ich war. Ich lief nach vorne an den Tisch und griff nach dem Kleinsten, dem Siegelring. Im selben Moment betrat der Lentz wieder die Klasse. „Na Jungs, habt ihr euch die Sachen schon mal angeschaut? Eigentlich müsstet ihr vor Ehrfurcht erstarren, vor dem, was hier liegt. Einiges ist aus dem Gemeindemuseum. Besonders der Siegelring verdient eure ungeteilte Aufmerksamkeit, er ist ..."
Unser Lehrer hatte sich umgewandt, um uns den Ring zu zeigen. Seine Hand, die nach ihm greifen wollte, blieb mitten in der Luft stehen. „Weg", flüsterte er. Seiner Stimme war anzuhören, wie erschrocken er war. Er drehte sich langsam zu uns um. „Leute, das ist kein Scherz. Los,

sagt schon, wer hat den Ring genommen?"
Mein Herz begann zu hämmern. Ich schluckte. Es war so still in der Klasse, als wäre sie leer.
Herr Lentz trat einen Schritt weiter vor. „Also keiner, klar. Freunde, so läuft das nicht. Der Ring ist nicht aus dem Kaugummiautomat. Ich gebe euch jetzt die Chance, das Ganze wieder in Ordnung zu bringen. Ich werde rausgehen, frische Luft schnappen und nach zwei Minuten wieder reinkommen. Bis dahin legt derjenige den Ring zurück, verstanden?"
Als er an uns vorbei zur Tür ging, konnte ich sehen, dass er am Hals rote Flecken hatte. Er sah so aus, wie ich mich fühlte.
Kaum hatte er die Tür hinter sich geschlossen, schoss Lukas auf mich zu. „Hast du den Ring genommen, oder nicht?"
Ich hatte Angst. Angst, dass Lukas mich reinlegen und bei Lentz verpfeifen würde. Also sagte ich: „Nein, hab ich nicht."
„Aber du bist doch nach vorne an den Tisch gegangen!"
„Na und? Heißt noch lange nicht, dass ich was genommen habe, oder?"
Lukas war noch einen Schritt näher gekommen. Ich konnte seinen Atem spüren, als er mit mir sprach. „Jetzt hör mal zu, es war ausgemacht, dass du uns den Gegenstand zeigst und ihn dann wieder hinlegst – was glaubst du, was der Lentz für Ärger kriegt! Also, los, jetzt rück den Ring raus!"
„Ich hab ihn nicht!", rief ich und presste die Lippen aufeinander.
Im nächsten Moment stürzte Lukas sich auf mich und riss mich zu Boden. Wir rangen einige Sekunden miteinander, aber länger brauchte Lukas auch nicht. Er war mir haushoch überlegen und hatte im Nu seine Finger in meinen Hosentaschen. Er zog den Ring raus.
„Na bitte, geht doch!", meinte er und wollte nach vorne gehen, um ihn zurückzulegen. Doch da ging die Tür auf und der Lentz schlenderte in die Klasse zurück. Hastig rappelte ich mich auf und setzte mich auf meinen Platz.
„So, Freunde. Wie ich sehe, ist der Ring nicht wieder aufgetaucht. Dann machen wir jetzt folgendes: Schultaschen auf den Tisch und umkippen. Hosentaschen nach außen. Und das ein bisschen flott!"
Maulend kam die Klasse seiner Aufforderung nach. Nur Lukas nicht. Der Lentz blieb vor ihm stehen. „Lukas? Darf ich bitten?"
Da hielt Lukas dem Lentz einfach seine offene Hand hin. Darin lag der Ring.
Der Lentz nahm ihn. „Schade, Lukas. Das wird ernste Konsequenzen für dich haben, mein Freund."

Ich wartete, dass Lukas die Sache richtig stellen würde. Doch nichts geschah. Er stand nur da, sah dem Lentz geradewegs in die Augen, nickte und schwieg.
Da konnte ich nicht mehr. „Er war's nicht!", rief ich. Den Blick, den Lukas mir in dem Moment zuwarf, vergesse ich nie: eine Mischung aus Staunen und Respekt. Ich erzählte dem Lentz die Wahrheit. Nur dass Lukas mich dazu angestiftet hatte, ließ ich aus.
Später, in der Pause kam Lukas auf mich zu. „Hey Kleiner", sagte er, „war eine coole Nummer, die du da abgezogen hast. Hätte ich dir gar nicht zugetraut." Und er hielt mir die Hand hin.
Es war der Beginn einer Freundschaft, die ein Leben lang halten sollte.

Fatma Şentürk
Elfchen

Erbitte
deine Ehrlichkeit
mit schonungsloser Wahrheit
erdest du mich wieder
Freundschaft

Wolfgang Rödig

Zwei auf dem Bahnsteig
in inniger Umarmung.
Zeit für Kopfkino.

Nie wieder Kaffee
Iris Köhler-Terz

Marion ist meine allerbeste Freundin. Aber sie ist schuld daran, dass ich wohl nie wieder Kaffee trinken werde. Zugegeben, ein Kaffeejunkie wie sie war ich noch nie. Aber eine, zwei Tassen am Tag, genüsslich zu einem Stück Käsekuchen, mochte ich schon. Das ist nun vorbei. Da kann sie reden wie sie will.

Dabei fing alles so schön an. Ich löse für mein Leben gern Kreuzworträtsel. Und in einer der Rätselzeitungen konnte man einen 3-tägigen Aufenthalt für zwei Personen in einem Hamburger 5-Sterne-Hotel gewinnen. Einen VIP-Aufenthalt mit allem, was möglich ist, inklusive Alsterfahrt und Besuch einer Kaffeerösterei mit Verkostung. Zu dieser würde man in einer Stretch-Limousine gebracht! Wann kann man sich das als kleine Sekretärin schon leisten? Ich habe natürlich mitgemacht und – tatsächlich gewonnen. Zum ersten Mal in meinem Leben habe ich etwas gewonnen! Und dann sowas. Was lag näher, als Marion mitzunehmen? Beste Freundin und Kaffeetante, das konnte nur gut werden. Wir wurden vom Bahnhof abgeholt und direkt vor die Tür des Hotels gefahren. Das sah von außen superchic aus und der Mann am Empfang war eine Augenweide. Er begrüßte uns als wären wir VIP's, freundlich, aber distanziert. Marions Versuch, mit ihm zu flirten, änderte nichts. Selbst der Page, der unsere kleinen Koffer auf das Zimmer brachte, wirkte vornehm. Zimmer? Das war eine Suite. Ganz für uns! Wow. Schlafzimmer und Wohnbereich waren getrennt und so luxuriös ausgestattet wie das riesige Bad.

Im Wohnbereich stand auf dem kleinen Tisch vor einer Sitzgruppe ein Sektkühler. Marion hatte ihn sofort entdeckt und die Flasche herausgenommen. Sie öffnete sie geschickt und schenkte uns die beiden nebenstehenden Gläser ein. „Hm lecker", seufzte sie selig, während ich mich für das Etikett auf der Flasche interessierte. Ich sah es mir genau an und erstarrte fast. Moët & Chandon Ice Impérial! „Du, das ist kein Sekt. Das ist echter Schampus. Die Flasche kostet fast hundert Euro. Den hab ich neulich in einer Show im Fernsehen gesehen. Ich werde verrückt!"

Marion goss sich nach, ging auf den Balkon und lachte. „Verrückt werden kannst du nachher. Los jetzt, komm her."

Ich gebe zu, mir schmeckte der Champagner nicht besser als der Sekt, den ich sonst trank. Aber was soll's. Der Blick aus der 6. Etage war wunderschön. Hamburg! Doch das sollte nicht so bleiben. Wir wollten

die Stadt erkunden. Zuerst liefen wir durch die Mönckebergstraße und genossen den Schaufensterbummel, auch wenn wir hier kaum etwas kaufen würden. In einem kleinen Café gönnten wir uns ein Eis und Marion lachte mich an: „Mensch Gabi, morgen ist die Kaffeeverkostung. Das wird so richtig geil. Ich freu mich schon drauf." Sie war glücklich.
Ich fragte: „Du weißt aber, dass man da den Kaffee nicht trinkt?"
„Man trinkt den nicht? Wie soll man denn dann verkosten?"
Ich erklärte ihr, dass man den Kaffee schlürft, im Mund rollt und dann ausspuckt. Entsetzt schaute sie mich an. „Ausspucken? Das gute Gesöff? Sind die verrückt?" Es dauerte eine Weile bis sie sich beruhigt hatte. Auf den Schreck bestellte sie einen Kaffee und dann durchstreiften wir die Stadt bis zum späten Abend.
Zurück im Hotel testeten wir die Bar und schliefen nach einem kleinen Snack und drei leckeren Cocktails wie auf Wolken in unserem King-Size-Bett. Leider war die Nacht für mich viel zu kurz, denn Marion war sehr früh wach. Sie hatte Angst, wir könnten zu spät zur Verkostung kommen und nervte mich, bis ich nachgab und auch aufstand.
Pünktlich um zehn Uhr traten wir aus dem Hotel und warteten auf das Auto, das uns zur Rösterei fahren würde.
Aufgeregt wie Kinder waren wir, als die weiße Stretch-Limousine vorfuhr. Der Fahrer stieg aus, öffnete einladend die Tür und Marion... machte ein Foto! Peinlich. Der Fahrer grinste. Er erlebte das wohl öfter.
Dann ging es los zur Rösterei in die Speicherstadt. Während der Fahrt erzählte der Chauffeur uns viel über diesen Stadtteil und seine Macht für Hamburg in früheren Jahren. Wir bestaunten die Backsteinhäuser und erfuhren, dass man in der Nähe verschiedene Museen finden konnte.
Aber jetzt wollten wir erst einmal den Kaffee verkosten. Beim Aussteigen empfing uns der Duft von Kaffee und Herr Bittner. Er war der Kaffeeröster, der mit uns in eineinhalb Stunden acht Kaffeesorten testen sollte. Er erklärte, dass man Kaffeesorten nach Körper und Fülle beurteilt.
Herr Bittner war ein offener, lustiger Mann. Er beantwortete Marions Fragen locker und witzig, sodass wir kaum merkten, wie die Zeit verging. Die Verkostung war interessant, allerdings bekamen wir dabei so richtig Kaffeedurst. Marion, kess wie sie ist, stupste Herrn Bittner an und fragte augenzwinkernd: „Sagen sie, kann man hier auch einen Kaffee trinken? Ich meine richtig trinken, ohne auszuspucken?"
Ich fühlte wie meine Wangen rot wurden. Musste sie so direkt sein? Herr Bittner zwinkerte zurück und erwiderte prompt: „Ich lade Sie gern auf

eine Tasse ganz besonderen Kaffees ein, wenn es Ihnen recht ist."
Marion klatschte begeistert in die Hände, als er die Tür mit der Aufschrift „Privat" öffnete. Der Raum war gemütlich eingerichtet, Büro und Entspannungsraum in einem. Es gab einen Schreibtisch mit PC und eine kleine Küchenzeile. In der Mitte des Raumes stand ein flacher Tisch. Um ihn gruppiert waren zwei kleine Sessel und eine Couch. An der Wand hing das Bild einer Kaffeeplantage. Herr Bittner bat uns Platz zu nehmen und verschwand in die Küchenecke. Nach ein paar Minuten hatte er Kaffeegeschirr, eine Kaffeemühle und eine Stempelkanne auf den Tisch gestellt. Aus dem Schrank nahm er einen Wasserkocher und fragte: „Wie wäre es mit einem ‚Kopi Luwak', meine Damen?"
Ich sah ihn fragend an. Marion war völlig aus dem Häuschen! „Ehrlich, Kopi Luwak? Wahnsinn! Ja sehr gern." Sie boxte mir in die Seite. „Gabi, da kostet eine Tasse ab 50 Euro aufwärts!"
Ich dachte, ich höre nicht richtig. „50 Euro für eine Tasse Kaffee? Ist der aus Gold?" Herr Bittner lachte. „Nein, nicht aus Gold, aber ähnlich kostbar. Man nennt ihn auch Katzenkaffee. Die Zibetkatze frisst die Kaffeekirschen. Aber sie verdaut nur das Fruchtfleisch und scheidet die Kaffeebohnen wieder aus. Durch die Fermentierung im Katzenmagen hat der Kaffee dann seinen besonderen Geschmack."
Marion rief dazwischen als wäre sie in der Schule: „Erdig, fast ein wenig muffig soll er schmecken. Bin ich gespannt." Dann sah sie mich an. „Du bist so blass. Was ist denn los?"
Ich fragte: „Ihr wollt mich veralbern? Katzenkacke die muffig schmeckt? Und für muffig, erdig zahlt man 50 Euro pro Tasse? Danke, ich verzichte!" Die beiden sahen mich an, als wäre ich die Verrückte. „Ehrlich, du willst nicht?" Meine Freundin schien überrascht. Herr Bittner sah aus, als würde er überlegen, was er mir anderes anbieten könnte und schien eine Idee zu haben. „Wie wär es mit einem thailändischen ‚Black Ivory'? Der ist weich, nicht bitter und nicht muffig." Er lächelte und ich war so erleichtert das zu hören, dass ich vergaß, die Herkunft zu hinterfragen.
Herr Bittner kam mit den beiden Kaffeesorten und einer zweiten Stempelkanne an den Tisch. Jede Sorte wurde in einer eigenen Mühle gemahlen und dann aufgegossen. Ich überwand mich und roch am Katzenkaffee. Er roch wie Kaffee, aber dennoch. Probieren würde ich den nicht.
Der frisch gemahlene ‚Black Ivory' duftete ein wenig nach Schokolade. Auf den Geschmack war ich gespannt. Und ich wurde überrascht. Er

schmeckte kein bisschen bitter oder muffig, sondern fast blumig. Lecker! Ich fragte: „Ist Thailand überhaupt ein Kaffeeland?"
„Na ja", kam die Antwort, „Brasilien und andere Länder sind Spitzenreiter, aber das ‚schwarze Elfenbein' gibt es nur aus Thailand. Und da so wenig produziert wird, kostet die Tasse Kaffee auch um die 40 Euro."
Das gab mir zu denken. „Wieso wird so wenig produziert? Und vor allem wie wird produziert?" Ich sah Herrn Bittner an und nahm gedankenverloren meine Tasse auf. „Nun, auf dem sogenannten Gnadenhof finden herrenlose Elefanten ein Obdach und arbeitslose Mahouts, also Elefantenbetreuer, werden zur Pflege eingestellt. So haben beide eine Chance zu überleben. Die Arbeit der Mahouts ist schwer. Sie mischen dem Elefantenfutter Kaffeebohnen bei und sammeln sie nach dem Verdauungsvorgang wieder heraus. Dann ist der Kaffee sozusagen nass fermentiert, was ihm den tollen Geschmack verleiht. Ähnlich wie beim Kopi Luwak."
Mir wurde übel, richtig übel! Ich prustete den Schluck Kaffee, den ich im Mund hatte, quer über den Tisch. „Kaffee aus Elefanten-Aa…? Ihr seid fies, ehrlich. Wie könnt ihr mir sowas andrehen?" Ich würgte. Herr Bittner brachte mich zum WC und ich blieb dort eine Weile.
Als ich zurückkam, hatten sie den Tisch schon gesäubert und sahen mir entgegen. Herr Bittner entschuldigte sich wortreich. Er hatte gedacht, dass der muffige Geschmack mein Problem sei. Darauf, dass der Verdauungsprozess verschiedener Tiere mir den Kaffeegenuss verleiden könnte, war er nicht gekommen. Ich entschuldigte mich ebenfalls bei ihm und er bot mir einen Kaffee aus Kolumbien an. Den lehnte ich dankend ab und musste plötzlich lachen, als ich sein zerknirschtes Gesicht sah.
Herr Bittner sah mich an und lachte mit. Als auch Marion anfing zu kichern, war die Stimmung genauso entspannt wie anfangs. Wir bedankten uns für alles, einschließlich ‚Überraschungskaffee' und verabschiedeten uns.
Draußen zeigte Marion mir ein kleines, wirklich kleines, Päckchen Kaffee. „Der reicht für zwei bis drei Tassen Kopi Luwak und hat mich nur 60 Euro gekostet", flötete sie mir ins Ohr.
Ich schluckte schwer. „Mit dir trinke ich keinen Kaffee mehr", röchelte ich, ging stracks auf eine Bar zu und bestellte mir einen Jägermeister.

Der letzte Tag in Hamburg war schön, aber ein Café betrat ich nicht mehr. Schon vom Geruch wurde mir übel. Seitdem trinke ich nur noch Tee! Und Kreuzworträtsel können mir auch gestohlen bleiben!

Zeit.Gleich
Petra Rusche

„Was macht denn bei euch beiden die Liebe?", fragt Birte Roth ihre Mutter Lissy Roth und deren Freundin Anna Wild. Die drei Frauen haben einen der gefragten Tische in der Villa ergattert, das beliebte Café in dem ehemaligen Herrenhaus eines Hamburger Kaufmanns im eleganten Hamburger Stadtteil Volksdorf.
„Wir wollen nachher noch bei mir üben", weicht Anna aus.
„Ich meine aber weder die Liebe zu deinem Akkordeon, Mama, noch die zu deiner Querflöte, Anna. Ich meine die Männer." Damit schiebt sich Birte genüsslich ein Stück Erdbeertorte in den Mund.
„Ach, weißt du, ich hab andere Sorgen. Mir macht mein Knie Probleme", erwidert Anna. „Knieschmerzen weisen ja auf Überlastung hin."
Lissy meldet sich zu Wort: „Das wäre bei dir ja kein Wunder, Anna. So, wie sie euch Lehrer hier in Hamburg ausbeuten, das geht auch auf keine Kuhhaut."
„Dann solltest du für dich selbst mal in diese Wunschsprechstunde gehen. Das hat doch bei mir einwandfrei geklappt." Mit ihrer Kaffeetasse weist Birte auf ihre winzige Tochter Lotta, die friedlich neben ihr im Kinderwagen schläft.
Bald darauf verabschiedet sich Birte. Anna und Lissy schlagen den kurzen Weg ein zu dem hübschen Schmuckladen kurz vor dem Volksdorfer U-Bahnhof. Der Name ‚Leuchtkristalle' prangt darüber.
Maria Eschenbach, die Eigentümerin, geht wie immer auf die Probleme der bei ihr Ratsuchenden ein. Beim Verlassen des Geschäftes trägt Anna für die Gelenke eine Apatit-Kette aus leuchtend blauen, geschliffenen Steinen um den Hals. Außerdem haben sich beide Frauen mit ähnlichen, in Silber eingefassten Rubinen in Herzform eingedeckt. Die können dabei helfen, für die Liebe bereit zu machen.
„Damit der Zauber in Gang gesetzt werden kann", erinnert Maria sie, „sind genaue Wünsche nötig, denk daran."
Anna bietet Lissy an, das mit den Wünschen nach der Probe bei einem Glas Wein in ihrer gemütlichen Küche zu erledigen.

„Stell dir mal vor!" Anna und Lissy fangen gleichzeitig zu sprechen an, als sie sich eine Woche darauf wiedersehen. Diesmal findet ihr wöchent-

liches Treffen im Café Lindtner in Eppendorf statt. Schließlich beginnt Anna: „Ich habe einen Mann kennengelernt."
„Ich auch", spricht Lissy in die erwartungsvolle Pause hinein, „aber erzähl du weiter."
„Ich habe mir den Rubin in Höhe des Herzens umgehängt und bin zu einer Lesung ins Literaturhaus gegangen. Ich habe mich ganz auf die Autorin konzentriert. Und danach hat mich Georg eingeladen auf ein Glas Wein. Wir haben den ganzen Abend über Literatur gesprochen. Und er hat überhaupt nichts mit Schule zu tun, genau, wie ich es mir gewünscht habe. Er ist Redakteur und arbeitet für den ‚Mond', diese große Hamburger Zeitschrift. Und wie in meinen Wünschen hat er vollendete Umgangsformen und ist ungebunden. Er entspricht genau meinen Vorstellungen, auch was das Aussehen angeht. Sieht diesem Spanier aus dem Traum von mir ähnlich, na ja, bis auf die Haare, die sind rot. Ich habe dir doch von dem Traum erzählt, weißt du, dieser Jungfernflug."
„Ich erinnere mich. Du bist im Traum geflogen", wirft Lissy ein und stellt fest: „Dann muss er meiner Eroberung ähnlich sehen. Ich bin mit meinem Rubin ins ‚Brakula' gegangen, weißt du, das Kulturhaus in Bramfeld. Da war ich Tanzen zu Akkordeonmusik. Er tanzt echt gut und lässt sich auch mal führen. Dabei ist er Schulleiter. Das mit der Schule ist bei mir ja egal", fügt sie an mit einem unsicheren Blick auf Anna.
„Na klar", lacht Anna, „übrigens hat sich mein Knie erholt. Da können wir demnächst zu viert Tanzen gehen und ..."
„Du, sieh mal! Da ist er, Carl Schulz!", flüstert Lissy und zeigt auf einen rothaarigen Mann, der vorn im Verkaufsraum ein Kuchenpaket entgegennimmt.
„Stimmt, das ist er", bestätigt Anna, „nur, dass er sich mir als Georg Minnemann vorgestellt hat."
Entsetzt erklärt Lissy: „Niemals kann ein Mann unsere Freundschaft gefährden!"
„Niemals!", bekräftigt Anna.
Die Freundinnen beschließen, den Kontakt zu Carl alias Georg abzubrechen.

Bei ihrem nächsten wöchentlichen Treffen, wieder in der Villa in Volksdorf, platzt Lissy noch vor der Bestellung mit der Neuigkeit heraus: „Carl will alles aufklären. Ich habe ihm vorgeschlagen, zu unserem Konzert zu kommen, aber er wollte nicht so lange warten. Er kommt gleich." Lissy

weist auf die Doppeltür.
Wie aufs Stichwort betreten zwei rothaarige Männer den Raum.
„Zwillinge", stammeln Anna und Lissy gleichzeitig.
„Aber das kann doch nicht sein", spricht Anna ihre Zweifel aus, „bei verschiedenen Nachnamen."
„Es ist meine Schuld", erklärt der eine. „Mein vollständiger Name lautet Georg Schulz-Minnemann. Ich habe den Namen meiner inzwischen geschiedenen Frau als Künstlernamen behalten. Für mich als Schreiberling ist der Name wichtig."
Nachdem die Männer formvollendet um Erlaubnis gebeten haben, setzen sie sich zu den Freundinnen, Georg an die Seite von Anna und Carl an die von Lissy.
Anna will wissen: „Und wie können wir euch nun auseinanderhalten?"
„Das müsst ihr selbst herausfinden", antworten die Brüder zeitgleich.

Anja Kubica
Beste Freunde

Ziehen mit dir um die Häuser
Umarmen dich zur Begrüßung
Singen ein Lied für dich
Achten für dich auf deine Gesundheit
Malen dir ein Bild
Mahlen deinen Kaffee für dich
Erheben bei deiner Hochzeit ihr Glas
Nehmen dich mit ins Kino

Sind immer für dich da
Eilen in Notfällen sofort zu dir
Interessieren sich für dein Leben
Nehmen dich nicht für selbstverständlich

Eifriger Trost

für Erich Fried †

Die stummen Diener des Teufels
tanzen immer noch
in den Augen der Menschen
und waschen ihre Hände
in Unschuld

Die Worte für Freiheit
und für Gerechtigkeit
sind weniger geworden
seit du tot bist
Denn dort wo dein Herz war
ist jetzt nichts mehr

Kein Atem mehr
und auch kein Herzschlag
der sich auflehnt
und unermüdlich kämpft
gegen das Unrecht
und der laut die Stimme erhebt
für Freiheit
und mehr Gerechtigkeit

Aber die Worte
die du geschrieben hast
von Liebe und Sehnsucht
werden bleiben
wie Himmel und Sonne.

von Josef Schenk

Verzeihung, Freundschaft und rote Masern
Doris Giesler

Die ersten Sonnenstrahlen fielen vereinzelt durch die Bäume. Noch wärmten die zaghaften Strahlen nicht, aber er hoffte auf den nahenden Frühling. Er würde warten müssen; denn mehr als diese Kuhle im kühlen Waldboden, in die er sich eingerollt hatte, besaß er nicht. Aber er war bescheiden und die zusammengewehten Blätter gaben ihm eine weiche Liegestatt.
Seit einigen Tagen war er allein. Seine Mutter hatte ihn bisher gut versorgt. Sie lebte mit ihm in der Nähe des Hotels nahe am Wald und organisierte für sich und ihn die Mahlzeiten. Bei den Speiseresten, die in den großen Containern entsorgt wurden, gab es manch nahrhaften Brocken Fleisch für sie Beide. Aber auch Gemüse, kleingeschnitten und mit Soße, schmeckte ihnen. Seine Mutter hatte ihm gezeigt, wie man Mäuse fing. Doch in letzter Zeit hatte sie oft seinen Kopf, den er gern wärmesuchend auf ihren Bauch legte, zur Seite geschoben. Auch hatte er dieses komische Rasseln durch die Rippen gehört. Schnurren war das nicht.
Eines Morgens nach ihrer nächtlichen Streife kam sie nicht wieder. Der kleine Kater war allein. Wie bisher ernährte er sich vorwiegend von den Speiseresten der Hotelgäste. Ab und zu eine Maus – das Jagen und Fangen klappte immer besser. Aber es war langweilig am Waldesrand. Die raschelnden Käfer in den vermodernden Blättern waren auch aufregend. Heute wollte der Vierbeiner mutig sein und etwas Neues unternehmen. Hinten am großen Feld standen einige Häuser. Er schlich über das Feld, blieb zwischendurch mal sitzen und lauschte den leisen Geräuschen der Fliegen und Käfer. Er näherte sich vorsichtig den Häusern. Vor einer Haustür stand ein kleiner Wassernapf. Ob da ein Hund wohnte? Das könnte gefährlich werden. Es roch verführerisch nach appetitlichem Essen. Außerdem war da noch etwas Anderes. Es war reizvoll, ein bekannter Duft, aber doch neu für ihn. Er hockte sich etwas entfernt hinter eine alte Schubkarre, die hier ihre Dienste tun musste, und wartete.
Nach einiger Zeit, die Augenlider waren ihm schwer geworden, ging die Tür auf, eine Frau öffnete von innen. Die Tür blieb einen Moment offen stehen. Heraus kam eine kleine Katze, dreifarbig: rot, beigebraun und ein bisschen weiß. Sein Schwanz schlug freudig erregt, leise brummte er vor sich hin. Die Katze reagierte mit einem leichten Buckel. Erneut ging die

Tür auf. Die Frau rief: „Kessi! Kessi!" Der Name passte zu ihr, dachte er gerade noch, dann fiel die Tür zu. Schon war die scheue Begegnung beendet. Vorbei das Abenteuer. Vielleicht morgen ...
Er schlich wieder zu seiner Kuhle, fand bei den Containern ein Stückchen Fleisch und dachte an den Duft. Ja, das war es: es war der Duft des Fells, so lieblich wie bei seiner Mutter, aber noch reizvoller! Er konnte kaum einschlafen, weil er ständig daran denken musste. Er vermisste Wärme. Außerdem hatte ihn die Unternehmungslust gepackt.
Der Tag fing gut an: blauer Himmel, Sonnenstrahlen. Eine gut genährte Maus hatte seinen Weg gekreuzt. Sein Bäuchelchen war zwar nicht prall gefüllt, aber zufrieden. Noch etwas Fellpflege, er wollte adrett aussehen. Bei Kessi angekommen, wartete er auf der Terrasse geschützt in einer Ecke. Bald trat die Hausherrin heraus. Sie brachte Geschirr und deckte den runden, weißen Tisch. Kessi saß nicht weit entfernt. Sie putzte sich. Der kleine Kater blieb abwartend auf Abstand sitzen. Appetitliche Aromawolken. Es duftete verlockend nach Fisch. Plötzlich läutete das Telefon. Die Frau lief ins Haus. Der Duft zog in die Nase des hungrigen Vierbeiners. Mit langen Schritten schlich er in die Nähe des Tisches. Bedenken und Überlegung waren plötzlich ausgeschaltet. Er machte einen riesigen Satz, sprang mit Eleganz auf den gedeckten Tisch und landete mit seinen Füßen in der Fischbüchse mit roter Tomatensoße. Schrecksekunde! Sofort versuchte er, die cremige Soße von den Füßen abzuschütteln. Kessi kam, um sich die hektische Aktion anzusehen. Immer mehr rote Tupfen verteilte der kleine Streuner auf sich und den Tisch. Auch Kessi bekam die ‚Masern'. Das war alles sehr peinlich. Er bereute, dass er seinem gierigen Verlangen nachgegeben hatte. Er schämte sich. Er musste verschwinden ...
Tage später raffte der hellgrau Getigerte alle seine Energie zusammen, um einen neuen Start zu versuchen. Die Haustür bei Kessi war geschlossen, aber sie saß draußen in einer Ecke. Sie hatte sich ein windstilles Plätzchen gesucht, drehte ihre spitzen Ohren und blickte ihn an. Es war, als hätte sie auf ihn gewartet. Der schuldbewusste Vierbeiner kam mit hängendem Schwanz um Verzeihung bittend langsam näher. Kessi ging auf ihn zu und leckte ihn. Freundschaft! Sie mochte ihn.
In diesem Moment ging die Tür auf. Beide Katzen fühlten sich ertappt und flohen auseinander. „Da ist ja dein Freund. Aber er sieht nicht mehr so lustig aus. Ich habe euch beim Telefonieren beobachtet. Wo sind deine roten Punkte geblieben? Für mich bist du jetzt nicht mehr der Streuner,

sondern ich nenne dich 'Vincent'. Warst du so hungrig? Du darfst Kessi wieder besuchen."
Langsam ging Vincent auf die gutmütige Frau zu, streifte ihre Beine leicht mit seinem Schwanz und schnurrte „es tut mir leid."
Sie bückte sich und streichelte ihn. Zum ersten Mal berührte ihn eine warme Hand! Wärme!
Die Frau setzte sich in den gemütlichen Gartenstuhl und blickte zufrieden in die liebliche Landschaft.

Anita Schmuck-López
In Korrespondenz

Wenn Geist an Geist sich inspiriert
weil Gleichgesinnte sich finden
sich verbinden und verbünden

wenn Seele und Seele
sich berühren sich umarmen
und sich auch umklammern mal

wenn Leidenschaft an Leidenschaft
sich ereifert entfacht und entflammt
wenn einmal gezündet Idee

und wenn Utopie zu Utopie
zu Gebilde schon erwachsen darf
ohne dass es eines Grundrisses bedarf

dann können sie sich beflügeln
in gleiche Höhe sich erheben
auch über Raum und Zeit hinweg

weil Energien zwischen ihnen
fließen in Korrespondenz.

Kerstin Gramelsberger
Ich weiß du bist da

Wir lernten uns kennen als die Schule begann,
Die Freundschaft wurd' tiefer mit der Zeit, die verrann.
Nun sind wir schon alt, das Leben gelebt,
Der Weg hinter uns durch Freundschaft verwebt.

Denn trotz all der Zeit hab'n wir uns nie verloren.
Nahmen auch Anteil als die Kinder geboren.
Auf der Hochzeit da tanzten wir voller Elan,
Mir entkommt ein sanft Lächeln als ich denke daran.

Nun frage ich mich, warum all das hier?
Was heißt das Wort 'Freundschaft', was bedeutet es mir?

Du nimmst mich stets ernst und gibst mir gut Rat,
Kannst lachen mit mir, übst niemals Verrat.
Dir kann ich trauen und alles erzählen,
Von all meinen Sorgen, die manchmal mich quälen.

Oft vergeh'n Wochen, sogar schon ein Jahr.
Wir seh'n uns nicht oft, doch ich weiß du bist da.
Auch du weißt genau, du bist nicht allein.
Ich bin für dich da, es wird immer so sein.

Das heißt das Wort Freundschaft, die Freundschaft mit dir.
Ich will sie nie missen, so viel gibt sie mir.

Freunde bleiben
Nicole Kovanda

Die Tür fiel ins Schloss und Katja ging weiter ohne sich umzudrehen. Lass uns Freunde bleiben, hatte er zu ihr gesagt, als wäre dies das Selbstverständlichste der Welt. Freunde bleiben, dachte Katja. Wie sollte sie mit einem Mann befreundet bleiben, den sie immer noch liebte? Was hatte sie ihm geantwortet? Irgendeine lapidare Zustimmung aus dem Schock heraus. Für ihn war die Beziehung schon lange vorbei gewesen, für sie erst mit seinen Worten. Wie sehr man sich in seiner eigenen Wahrnehmung doch täuschen konnte, dachte Katja und ging weiter. Durch das Haustor und den Hof, über die Straße, die Ladenzeile entlang, Richtung Flussufer. Sie fühlte sich hohl, als hätte Georg sie ausgeweidet und weggeworfen. Er brauche nun Zeit sein Zeug zu packen und es wäre wohl besser, wenn sie inzwischen spazieren ginge, hatte er gemeint. Sie hatte nur mit den Schultern gezuckt, den Schlüssel genommen und nun war sie hier, am gemauerten Kai des breiten Flusses, der durch die Hauptstadt floss. Wie war sie hier her gekommen? Katja konnte sich an keinen einzigen Schritt erinnern. Hatte sie die Straße bei der Ampel überquert, oder war sie einfach darüber gelaufen? Jedenfalls stand sie jetzt hier und starrte ins Wasser. So viel braun-graues, strömendes Wasser. Doch bei ihr strömte nichts, keine Tränen, keine Gefühle. Wann hatte Georg sich von ihr entfernt, warum wollte er gehen? Wie konnte ihre heile Welt ohne Vorwarnung in sich zusammen brechen?
„Katja? Katja!"
Sie hörte ihren Namen.
„Hey, Katja, alles klar?"
Caro, sie hörte Caros Stimme.
„Was machst du denn hier?"
Katja blickte auf und sah ihre ehemalige Schulkollegin. Caro aus der letzten Reihe, die sie immer ihre Hausaufgaben abschreiben hatte lassen. Caro, mit der sie während der Stunde über Jungs getuschelt und in der Pause in der ‚Bravo' gelesen hatte. Wie lange war das her? Sieben Jahre, acht Jahre. Nach dem Abschluss brach der Kontakt ab.
„Du hast dich kaum verändert."
Und doch hatte sich alles verändert, dachte Katja. Von einem Moment auf den anderen, war ihr Leben nicht mehr so wie vorher. Sie würde nach

Hause kommen und Georg wäre fort.
„Ich war ein paar Jahre in Australien, davor hab ich in München gewohnt und auch in Mailand. Aber jetzt geht's wieder in die Heimat." Caro plapperte noch immer so viel wie früher.
„Haben mir gefehlt, die vertrauten Straßen und die alten Stammlokale. Gibt's eigentlich das ‚*Schröders*' noch?"
Katja hatte seit Jahren nicht mehr an das *Schröders* gedacht. Dort war ihr Georg zum ersten Mal begegnet. Und nun strömten sie doch. Heiße Tränen liefen ihre Wangen hinunter und tropften ihr vom Kinn.
„Herrje Katja, was hast du denn?" Caro reichte ihr ein Taschentuch und führte sie zu einer Bank. Katja ließ sich darauf fallen und blies lautstark in das Taschentuch.
Caro wartet bis das Schluchzen nachließ. „So, und nun erzählst du mir was los ist."
Und das tat Katja auch. Es sprudelte nur so aus ihr heraus. Als sie nach der Arbeit nachhause gekommen war, hatte ihr Georg gesagt, dass das alles keinen Sinn mehr machte. Sieben Jahre Beziehung, gemeinsame Wohnung, gemeinsame Urlaube, gemeinsame Bücher und CDs machten keinen Sinn mehr. Er hätte sich weiterentwickelt und wollte etwas Anderes, Neues. Das konnte es doch nicht gewesen sein. Sie könnten Freunde bleiben. Freunde bleiben!
Caro hörte zu und nickte immer wieder. „Lass es raus, lass alles raus."
Katja erzählte von ihren Plänen für die Zukunft; eine größere Wohnung, ein Auto, Heirat und Kinder. Georg hatte in diesen Plänen immer die männliche Hauptrolle gespielt, doch er hatte nun andere Pläne. Er wollte raus aus der Wohnung, raus aus der Stadt und raus aus ihrem Leben. Einfach so, ohne Vorwarnung, ohne Diskussion, ohne weitere Erklärung. Aber Freunde könnten sie bleiben. Freunde bleiben!
Caro legte ihren Arm um Katja. „Das ist echt mies, ich weiß."
Nein, das war nicht mies, das war eine Katastrophe, dachte Katja und schluchzte noch, als keine Tränen mehr kommen wollten.
„Und was hast du jetzt vor?"
Katja wusste es nicht, sie fühlte sich noch immer leer und ausgebrannt. Außerdem wurde es dunkel und kühl.
„Ich mache dir einen Vorschlag. Wenn du magst, kannst du heute Nacht bei mir im Hotel bleiben. Ich hab ein Doppelbett und eine Minibar."
Katja sah Caro an. „Du wohnst im Hotel?"
Caro lachte. „Ja, klar. Solange ich keine WG oder Wohnung finde, muss

ich im Hotel bleiben." Katja nickte und ließ sich von Caro mitnehmen.
Als die beiden später im Doppelbett lagen und sich ansahen sagte Katja leise „danke".
„Hey, ist kein Problem. Du hättest das Gleiche für mich getan."
Katja schluckte. „Kannst du mich morgen nachhause begleiten? Ich weiß nicht, ob ich es allein in der Wohnung aushalte."
Caro schaltete das Licht aus. „Das mach ich doch gern."

Angelika Pöhlmann
Freundschaft

Hab den Brief an Dich gelesen
In Gedanken -
Zeile um Zeile -
Wort für Wort
Den ich niemals hab geschrieben -
An Dich
Mein allerbester Freund -

Hab mich durch die Nacht gelesen -
Der Mond lässt Sonnenstrahlen rieseln
Weckst mich wenn ich eingeschlafen bin -
und
Nebel unsere Herzen binden will

Packe meinen Seelenkoffer gerne bei Dir aus
Weil ich weiß -
Du legst Dein alt vertrautes Schweigen drauf
Still huscht ein Lächeln über mein Gesicht -

Mein lieber Freund -
Ich schaue mit dem Herzen zu Dir auf

Blind Date
Karsten Beuchert

Wir befinden uns im Kaffeehaus am Stachus. Was so nicht ganz stimmt, wie auch die hauseigene Website einräumt, da sich die Lokalität etliche Meter die Sonnenstraße abwärts befindet. Ute und mir ist das egal, während wir uns an einem der erhöhten Tische gegenübersitzen, mit uns und unseren Frühstücken beschäftigt, das sie mit einem Caffe Latte genießt, ich traditioneller mit einer Wiener Melange. Wir versuchen uns zu erinnern, an welchen Plätzen wir damals gesessen haben. Immerhin hat es mit dem Kaffeehaus am Stachus eine besondere Bewandtnis – dies ist die Lokalität, in der wir uns nicht *kennengelernt haben.*

Damals verabredete ich mich mit Bekannten wegen der guten Erreichbarkeit gerne am Stachus, der lange Zeit als der verkehrsreichste Platz Europas gegolten hatte. So auch mit Ute, wobei wir uns zum Zeitpunkt unseres ersten Treffens eigentlich noch gar nicht kannten. Wir waren uns in einem der damals aktuellen Chatforen begegnet und wussten aufgrund der ausgetauschten Informationen nur, dass wir neugierig aufeinander waren und uns persönlich kennenlernen wollten. Ein klassisches ‚Blind Date' also – ich wusste nicht, wie Ute aussah, und vice versa.
Nun bedeutet ‚verkehrsreicher Platz' zwar gute Erreichbarkeit, hat aber für den Versuch, eine unbekannte Person in großer Menschenmenge auszumachen, gravierende Nachteile. So nahm ich mir vor, bei diesem Treffen ‚alles richtig zu machen'. Wenn das Wetter des erwachenden Frühlings so unzuverlässig war – warum sich nicht gleich im Trockenen treffen? Also verabredeten wir uns im Kaffeehaus, und ich reservierte dort wie besprochen einen Tisch auf meinen Namen.
Am vereinbarten Abend traf ich zu früh ein. Das Wetter war wie befürchtet, und ich ließ mich von der freundlichen braunhaarigen Bedienung an den reservierten Tisch führen, wo ich den Stuhl auswählte, von dem aus ich prinzipiell die zwei Eingänge des Raumes beobachten konnte. Leider stellte sich dies als fauler Kompromiss heraus – gut konnte ich keinen von beiden einsehen.
Bereits zur vereinbarten Treffzeit hatte ich die Speisekarte hinauf und hinunter gelesen und hätte keine Mühe gehabt, mich für eines der leckeren Angebote zu entscheiden. Allein – wer nicht erschien, war Ute, doch die Höflichkeit gebot mir, mit der Essensbestellung noch eine Anstands-

zeit lang zu warten und mich zunächst mit einem Kaffee zu begnügen. Vielleicht anrufen? Aber war unsere Verabredung nicht eindeutig gewesen? Es würde einen Grund für ihre Verspätung geben. Also doch weiter warten? Ich war unentschlossen.
Schließlich entschied ich mich, die anwesenden Leute zu beobachten. Mich zu fragen, was sie wohl zu diesem Zeitpunkt an diesen Ort gebracht haben mochte. Leider wollte mein Kopf nicht zur Ruhe kommen, indem er immer wieder drängte: Ist sie es? Möglicherweise die graue Kostümträgerin, die nach Business aussah? Es gab nicht viele einzelne Frauen in meinem Blickfeld. Und keine davon kam ernsthaft in Frage, die vermisste Ute zu sein – nicht eine von ihnen hatte nur andeutungsweise unseren reservierten Tisch angesteuert.
Irgendwann wurde es mir doch zu lang. Ich hatte Hunger und die akademische Viertelstunde war deutlich verstrichen. Also bestellte ich einen der leckeren Snacks von der Karte, den ich dann lustlos zu mir nahm. Ich beendete meine Mahlzeit und die Beobachtung der anwesenden Gäste, lehnte mich in meinem Stuhl zurück und überlegte, was zu tun wäre.
Inzwischen war über eine Stunde seit der vereinbarten Uhrzeit vergangen. Das Gefühl der Verärgerung in der inzwischen gefüllten Magengegend konnte ich nicht länger verhehlen. Und doch: In dubio pro reo. Anscheinend war ihr etwas dazwischen gekommen – möglicherweise sogar zugestoßen …?
Ich schob die grummelnde Verstimmung beiseite und griff nach meinem Handy. Einige Klingeltöne lang hob niemand ab. Gerade wollte ich den Anrufversuch endgültig frustriert abbrechen, da ging Ute ans Telefon: „Wo steckst Du? Ich bin vor einer halben Stunde gegangen und schon fast wieder zuhause!"
Der Vorwurf in ihrer Stimme war nicht zu überhören.
„Stopp, stopp! Ich war zu früh und bin immer noch hier! Wo warst Du?", konterte ich sachlich und mit einer Prise Gegenvorwurf.
„Na, im Kaffeehaus, wo wir uns verabredet hatten!"
„Am Stachus?"
„Klar am Stachus! Hatten wir doch so gesagt."
„Da bin ich immer noch – wo genau warst Du?"
„Ich habe nach dem reservierten Tisch gefragt, und die Bedienung hat mich dahin geführt. Auf die Empore hinten in der Ecke. Niemand da außer mir."
Ich stutzte. Genau die Empore hatte ich von meinem Platz aus kaum ein-

sehen können.
„Welche Bedienung?", hakte ich nach.
„Die Blonde."
„Mich hat die Brünette zu einem Tisch unten am Fenster gebracht!"
Einen Moment schwiegen wir. Dann mussten wir beide laut lachen, als uns gleichzeitig klar wurde, was immer noch schief gehen kann, wenn man versucht, alles richtig zu machen', und darauf vertraut, dass ein namentlich reservierter Tisch doch bitte eindeutig sein sollte!

Unser heutiges Frühstück nähert sich dem Ende.
„Du bist dann tatsächlich noch mal von zuhause zurückgekommen", sage ich zu Ute. „Hier hinein sind wir dann nicht mehr gegangen, soviel weiß ich noch. Wohin dann? Das bekomme ich nicht mehr zusammen."
„Ich auch nicht", erwidert Ute. Es ist nicht weiter wichtig.
Wir beenden unser Frühstück und gehen mit einer eher flüchtigen Verabschiedung auseinander. Obwohl wir uns weiterhin mögen, haben wir uns seit jenem denkwürdigen Blind Date immer seltener gesehen.
Unsere Leben haben völlig unterschiedliche Richtungen eingeschlagen.
Trotzdem freue ich mich, wenn wir uns ab und zu treffen.
Vielleicht werden wir uns wie heute auch erneut explizit verabreden.
Möglicherweise sogar wieder im Kaffeehaus am Stachus.

(Erstveröffentlichung im Wendepunkt Verlag)

Susanne Rzymbowski
Von der Freundschaft

In ihrer Verwandtschaft deiner Selbst
öffnet sie dir das Herz
im Mitgefühl einer vertrauten Wahrhaftigkeit
und ist dir Freiheit innerhalb deiner Grenzen

Sandra Schmidt
Freundschaft ist für mich...

Was ist es, wie kann ich es sagen?
Benutzt man dieses Wort doch in so vielen Lagen.
Nun denn, so soll es sein,
ich lasse mich auf die Suche nach der Definition für Freundschaft ein.

Im Grunde ist es ganz leicht.
Ist die Bindung zwischen zwei Personen dieser Art alles andere
als seicht.
Die Sympathien, die sie zueinander hegen,
werden sie in unterschiedlicher Weise pflegen.

Die Frage, ob Freundschaft eine Regelmäßigkeit braucht,
um nicht einer den anderen anfaucht,
wenn der eine sich eine Zeit lang nicht gemeldet hat -
ja in vielen Beziehungen bewirkt dies zumeist schon ein Patt!

Aber ich denke, wenn man vertraut,
sorgt das schon dafür, dass sich der Beginn einer Freundschaft aufbaut.
Gemeinsame Interessen - das ist ganz klar,
sind hier selbstverständlich unabdingbar!

Ein einheitliches Rezept gibt es jedoch nicht,
wichtig ist nur, dass die Freundschaft nicht durch fehlende
Kommunikation zerbricht.
Sie ist ein hohes und überaus kostbares Gut,
drum hüte sie und habe den Mut,
sich vollends ihrer anzunehmen
und nicht den Fehler der Leichtfertigkeit zu begehen!

Margret Küllmar
Dicke Freunde

Es war in einer Klinik gegen Adipositas,
da sind Patienten, die haben am Essen Spaß,
dort sollten Uwe und Jan ihr Gewicht reduzieren,
ihre Lebensweise überdenken und kontrollieren.

Sie haben augenblicklich Freundschaft geschlossen
und das mit reichlich stillem Wasser begossen,
haben ab sofort gemeinsam Kalorien gezählt,
sich durch das mühsame Sportprogramm gequält.

Mussten Wurst, Schokolade und Bier entsagen,
wollten am liebsten die Möbel annagen
fuhren Fahrrad, dass der Schweiß nur so lief,
durchlitten so manches seelische Tief.

Und hat es bei einem trotz allem nichts genützt,
wurde er vom anderen moralisch unterstützt,
Gemeinsam haben sie ihre Pfunde vertrieben,
doch ihre Freundschaft ist bis heute dick geblieben.

Renate Maria Riehemann
Aussicht

Ich will mit dir nicht nur
Die leichten Tage teilen
Auch durch dichte Wälder
Will ich mit dir gehen

Am Abend auf der Bank
Wollen wir dann still verweilen
Berg und Tal des Lebens
Lächelnd uns besehen

Parkbank-Freunde
Andrea Kreiner

Der Park ist voller Menschen um diese Uhrzeit. Inmitten der Menge taucht ein bekanntes Gesicht auf. Simon. Er hat mich gesehen, das weiß ich. Doch er schaut an mir vorüber. Eigentlich kann ich froh sein. Ich weiß, dass ich stinke und verwahrlost bin. Wie jämmerlich ich aussehen muss mit meiner Einkaufstüte – voller Dinge von denen ich mich nicht trennen konnte. So will man von einem Freund auch nicht gesehen werden, oder?
Oje, er kommt herüber. Der Anzug, den er trägt, sieht teuer aus. Würde ich so einen noch besitzen und verkaufen, hätte ich ein paar Monate länger meine Miete zahlen können.
„Kurt! Meine Güte, ich hätte dich fast nicht erkannt", sagt Simon.
„Tja, ist ja auch schon länger her." Ich tue so als würde in dieser schlecht geschriebenen Gratiszeitung etwas sehr Interessantes stehen.
„Mann, was ist denn passiert?"
„Frag lieber nicht."
„Brauchst du irgendwas?"
Ich schüttle den Kopf. „Geht schon."
Simon sieht auf die Uhr. Sein nächster Termin wartet bestimmt schon. Es war früher schon schwierig sich länger mit ihm zu unterhalten. „Wenn du was brauchst, ruf mich an, ja?"
Sehr witzig. Wie denn, ohne Telefon und Münzen? „Okay."
Und weg ist er. Im Laufschritt steuert er auf einen anderen Anzugträger zu. Sie deuten in meine Richtung, reden bestimmt über mich. Ihre Blicke sagen mehr, als ich erfahren möchte.
„Was war das denn für ein aufgedonnerter Schwachkopf?", brummt ein Obdachloser, der sich neben mich auf die Parkbank setzt. Er stinkt nach Schweiß und Bier. In seinem struppigen Bart klebt ein Kaugummi.
„Ein Freund. Von früher." Wie gerne würde ich die beiden Anzugträger begleiten. - Zum Brunch, um über Immobilienwerte und Aktienmärkte zu diskutieren.
„Und dieser *Freund* hat nicht 'mal ein paar Euro für dich übrig?"
„Ist schon okay. Ich hätte sowieso nichts angenommen."
Er grunzt. „Ach, der Stolz! Du bist ein Frischling, hm? Keine Sorge, das ändert sich auch noch."

Was ändert sich? Mein Stolz? Ist das sein Ernst? Mein Stolz ist doch das einzig Wertvolle, das ich noch habe ... und ein handgemachter Aschenbecher aus Murano.

Mein Sitznachbar macht ein Dosenbier auf. „Willst du eins?", rülpst er nach ein paar Schlucken.

„Nein, danke." Es ist gerade elf Uhr. Ach, was soll's. „Ja, warum eigentlich nicht? Hab heute keine Besprechung mehr." Ich versuche zu lächeln. Er reicht mir eine Dose. Das Bier ist lauwarm, aber warum sollte ich mich gerade darüber aufregen?

„Was verschlägt dich denn hier her?"

Ich wusste, dass diese Frage kommt. „Habe meinen Job verloren. Die Schulden haben mein Hab und Gut verschlungen. Dann bin ich in diese schäbige kleine Wohnung am Stadtrand gezogen. Die konnte ich mir aber irgendwann auch nicht mehr leisten."

„Wow, okay. Ich wollte eigentlich nur wissen, warum du gerade hier im *Stadtpark* herumsitzt."

Ich komme mir dumm vor.

Er räuspert sich. „Es gibt auch noch andere gute Fleckchen in dieser Stadt, weißt du? Ich war 'mal 'ne Zeit lang beim alten Bahnhof, aber im Sommer gefällt mir der Park hier einfach besser."

„Schön, dass es Ihnen gefällt."

„Oh, bitte, warum denn so förmlich?", fragt er. „Ich bin Herbert."

„Kurt." Wir stoßen mit dem Dosenbier an.

„Willkommen im Stadtpark", sagt Herbert.

„Danke." Es ist seltsam, doch ich fühle mich tatsächlich willkommen - das erste Mal seit sehr langer Zeit.

Nicole Schnetzke

freundschaftskarussell
dreht sich stets im kreis und nur
der wahre freund bleibt

Bist du meine Freundin?
Inga Kess

Susannes Mann Dieter war Dozent an der Pädagogischen Hochschule. Ausgesprochen gut aussehend, attraktiv, eloquent und witzig war er der Schwarm aller Studentinnen. Ständig machten sie ihm schöne Augen, seine Seminare waren überfüllt. Von so viel weiblichem Charme fühlte er sich sehr geschmeichelt.

Es gab pädagogische Abendzirkel, was immer das sein mochte. Als diese dann in ihrer Privatwohnung stattfinden sollten, erklärte Susanne, eine aufgeklärte Achtundsechzigerin: „Nur wenn ich dabei bin."
Als dann eine der Studentinnen in Susannes Abwesenheit Dieter dennoch privat aufsuchte, ging das seiner Frau entschieden zu weit. Sie erklärte der jungen Dame, dass sie private Besuche in ihrer Abwesenheit nicht wünschte. Die junge Dame erwiderte schnippisch: „Ihr Mann schon."

Immer wieder stellte die Studentin Susannes Mann nach. Und er – er konnte wohl nicht nein sagen. Eines Tages erwischte Susanne ihren Mann mit jener Studentin in flagranti in der gemeinsamen Wohnung. Zutiefst getroffen reichte sie die Scheidung ein.

Susanne liebte ihren Dieter immer noch. Einerseits wollte der Frauenschwarm sich nicht scheiden lassen, andererseits seine neue Partnerin nicht verlassen. Das Ehepaar trennte sie sich in beiderseitigem Einverständnis, notgedrungen.
Nicht einmal drei Monate später bekam Susanne die Nachricht, dass ihr Mann wieder geheiratet hatte und nunmehr bald Vater würde.

Nach der Heirat stand ihr „Ex" ständig auf der Matte. Er brauchte beide Frauen, war der Situation nicht gewachsen, wurde krank, Magengeschwüre. Für Susanne war es eine „Flucht in die Krankheit".

Später hatte sie keine Gewissensbisse, wenn ihr Ex sie ständig besuchte. Außerdem verstanden sie sich besser als vor der Scheidung. Also betrog Dieter seine neue Frau mit seiner Ex-Frau. Sie aber genoss dies eine Zeit lang, denn so konnte sie sich rächen. Ohne Skrupel dachte sie: „Wie du

mir, so ich dir."
Dennoch beendete Susanne das Verhältnis mit ihrem Ex. Dieter kam weiterhin mit seinen Sorgen zu ihr. Immer häufiger brachte er seine kleine Tochter mit. Sie war inzwischen fünf Jahre alt. Die kinderlose Susanne hatte mit dem Kind der anderen Frau, ihrer Konkurrentin, Probleme, ließ sich dies aber nie anmerken. Sie sah deutlich, dass die Kleine sie ins Herz geschlossen hatte. Susanne beschwichtigte sich immer wieder: „Das Kind kann ja nichts dafür." Aber sie brachte es nicht fertig, dieses Kind in ihr Herz zu schließen.

Bei einem Besuch ergriff eine kleine Hand ihre Hand, schaute sie mit großen Augen an und fragte: „Bist du meine Freundin?"
Susanne wollte das Kind in den Arm nehmen. Da spürte sie die raue Haut einer Hornhautveränderung in der Innenfläche der kleinen Hand, die das Kind von ihrer Mutter geerbt hatte. Susanne wandte sich ab und sagte: „Ja" – aber Besuche wollte sie keine mehr.

Ingeborg Henrichs
Als ich

Als ich dich zu mir befragte
hast du nicht gewagt
aus dir heraus zu treten.
So bin ich in deine Antwort
Freiheit eingetreten.

Als ich dich zu mir befragte
warst du ein Ja ein Nein ein Er
So schweigst du. Nennst dich
Diplomat. Es bleibt Verrat.
Und manchmal gute Tat.

Abwegige Wege der Freundschaft
Kim Walter

Ich sah ihn in Tageszeitungen und Hochglanzgazetten,
er gehörte zu den Guten, Mutigen und Netten.
Fette Geschäftsgewinne kaschierte er mit großzügigen Spenden,
die Lobhudeleien seiner Freunde wollten nicht enden.
Stets hielt er eine große bunte Schar von Leuten frei,
bei Kaviar, Champagner und Martini dry.
Überall waren die Freunde dabei,
bei Partys auf Yachten, in Urlauben und beim täglichen Einerlei.
Doch plötzlich erlitt er mehrere Schicksalsschläge,
die Geschäftseinnahmen gingen in die Schräge.
Der Staatsanwalt ermittelte gar wegen Betrug,
und auf einmal hatten alle von ihm genug.
Seine hübsche Ehefrau zog mit seinem reichsten Freund weiter,
die anderen hatten keine Zeit mehr, sie kletterten auf der Erfolgsleiter
immer höher, immer weiter.
„Keine Zeit, leider, leider!"
Ganz alleine saß er im Saal vom Gericht,
die Freunde sah man nicht.
Auch in den Wochen, wo er sein Haus und sein Auto verlor,
war verstummt der Freunde Lobeschor.
Nicht einer kam vorbei oder rief an,
mit dem Rücken an der Wand alleine stand der Mann.
Doch nach einigen Wochen kamen Mut und Stärke zurück,
er wollte vom Leben ein neues „Stück".
Während er tags und nachts bei der Arbeit saß,
Hunderte von Patenten und Büchern las,
hat er mehr als einmal in die Hände gespuckt,
und erfand schließlich ein äußerst lukratives Produkt,
das man ihm aus den Händen riss.
Gelohnt hatten sich sein Eifer und sein Biss!
Schon bald stand sein Schicksalsstern wieder hellerleuchtet am Himmelszelt,
er hatte wieder Haus, Auto und Geld.

Doch in einem zeigte er nun große Sparsamkeit,
das waren Vergnügungen und Eitelkeit.
Lieber sollten ihn die letzten Hunde beißen,
bevor nochmals „Freunde" sein Herz zerreißen!
Er nahm an Gütern fast nichts mit,
und zog in die Berge als Eremit.

Sonja Bäßler
Die Steine

Die Steine sind schwer.
Und wer, wer
will sie sehen und fühlen,
ohne in mir zu wühlen?

Mein Freund, es ist hart.
Und wart´! Wart`,
lass deinen Lauf stören,
um mir zuzuhören!

Mein Leid -
die Wahrheit!
Will ich es wagen,
sie dir zu sagen?
Das wird mich viel kosten,
verändert die Posten.

Wo ich dann stehe -
ich weiß es nicht.
Aber die Steine -
ich weiß es nicht…
verlieren vielleicht,
vielleicht,
an Gewicht.

Manuel und Jakob
Sabine Siebert

Die Sonne brennt an diesem Augustmorgen erbarmungslos auf München nieder, sodass Manuel mit kurzer, blauer Hose und seinem Lieblingshirt bekleidet ist. An den Füßen trägt er die alten Sandalen, aus denen er fast herausgewachsen ist. Vorsichtig öffnet er das Tor zur Kleingartenanlage in München-Freimann. Mit seinen neun Jahren kann er das Schild am Tor „Zutritt nur für Besitzer und ihre Besucher" lesen und er weiß, dass er nicht hier sein darf. Aber die Gartenanlage lockt ihn. Als er den Hauptweg entlang schlendert, steigt ihm der Geruch von reifem Obst in die Nase. Hinter den niedrigen Zäunen sieht er Sträucher, an denen reife, dunkelblaue Heidelbeeren hängen. In einem anderen Garten stehen Johannisbeersträucher. Die Früchte leuchten in herrlichem Rot und tiefem Schwarz. Manuel kann sich nicht satt sehen.
Plötzlich fällt sein Blick auf einen Apfelbaum, an dem goldgelbe Früchte leuchten. Der Baum steht dicht am Gartenzaun und ein Apfel ist zum Greifen nahe. Er muss nur seine Hand ausstrecken und ihn abpflücken. Vorsichtig blickt er sich um. Er kann keinen Menschen entdecken und greift blitzschnell nach dem Apfel. Im selben Moment ertönt eine tiefe Stimme: „Du willst den Apfel doch nicht stehlen?"
Der Junge zieht die Hand zurück. Erst jetzt hat er einen alten Mann mit schneeweißem Haar hinter dem Zaun wahrgenommen. Manuel bringt kein Wort heraus. Der alte Mann lächelt ihn an und dabei wird eine große Zahnlücke im Unterkiefer sichtbar. Als sich Manuel noch immer nicht bewegt, humpelt der Mann zum Gartentor, öffnet es und sagt: „Komm herein."
Manuels Füße scheinen sich ohne sein Zutun zu bewegen.
Der Mann hält ihm einen frisch gepflückten Apfel hin: „Den schenke ich dir." Wieder ist ein breites Lächeln zu sehen.
Jetzt hat Manuel seine Sprache wieder gefunden. „Es tut mir leid. Ich weiß, dass man nicht stiehlt, aber der Apfel sah zum Anbeißen aus." Er greift nach der hingehaltenen Frucht und beißt herzhaft hinein. Der Saft läuft ihm am Kinn hinunter und tropft auf sein Shirt. „Schmeckt himmlisch", murmelt der Junge.
„Schön", antwortet der Alte. „Was machst du hier um diese Zeit? Hast du keine Freunde?"

„Doch. Ich habe viele, aber sie sind alle in den Urlaub gefahren."
„Dann hast du sicher Zeit?"
Manuel nickt.
„Willst du mir beim Äpfelpflücken helfen und dir einen Korb reifer Äpfel verdienen?"
Der Junge überlegt nicht lange: „Ja."
„Ich bin Jakob und wie heißt du?", fragt der freundliche Alte.
„Ich heiße Manuel."
„Dann komm mal mit."
Gemeinsam gehen sie in einen kleinen Schuppen und holen eine Leiter, einen Korb und ein zu einem ‚S' gebogenes Eisenstück. Der Junge zeigt auf das Teil und fragt nach der Bedeutung. Der alte Mann erklärt, wie man das obere Teil an dem Ast befestigt und unten den Korb einhängt. So hat Manuel während des Pflückens den Korb immer in seiner Nähe.
Geschickt wie ein Affe klettert er in den Baum. Nach weniger als zwei Stunden hat der Junge alle Äpfel geerntet. Viermal muss er den Korb leeren.
„Du bist aber fleißig", lobt ihn Jakob. „Jetzt machen wir Brotzeit."
Die Tür des Gartenhäuschens öffnet sich und eine alte Frau kommt mit einem Tablett heraus.
„Das ist meine Frau Hertha", stellt Jakob die Frau vor.
„Ich heiße Manuel", sprudelt es aus dem Jungen heraus.
Die Frau stellt das Tablett auf dem Gartentisch ab und reicht ihm die Hand. Als sie lacht, sieht Manuel ihre vielen Falten auf der Stirn.
Hertha stellt ein großes Glas Milch und einen Teller mit belegten Semmeln vor Manuel. „Jetzt musst du dich aber stärken", sagt sie.
Der Junge isst mit großem Appetit. Er bedankt sich bei Hertha für das gute Essen.
Behutsam streicht sie dem Jungen über das strohblonde Haar und fragt neugierig: „Hast du Geschwister Manuel?"
Manuel, der Vertrauen zu den beiden Menschen gefasst hat, antwortet: „Ich habe eine kleine Schwester und zwei jüngere Brüder."
„Das ist schön", sagt Jakob. „Wir haben drei Kinder. Sie sind schon erwachsen und wohnen weit weg. Wir sehen sie nicht oft."
Manuel empfindet Mitleid und spontan umarmt er die beiden Alten.
Hertha und Jakob sehen sich an und in ihren Augen stehen Tränen.
„Möchtest du uns vielleicht öfter besuchen?", fragt Hertha. „Wir würden uns sehr freuen."

Manuel nickt: „Darf ich dann morgen wiederkommen?"
„Das würde mich sehr freuen", meint Jakob.
„Jetzt muss ich aber gehen."
Jakob gibt Manuel den Obstkorb.
„Ist er auch nicht zu schwer?", erkundigt sich Hertha.
„Aber nein." Wie zur Bestätigung nimmt der Junge den Korb und läuft zum Gartentor. Dort stellt er ihn ab, kommt zurück und verabschiedet sich von Hertha und Jakob. Mit einem: „Bis morgen", läuft er davon.

Elfriede Weber
Freundschaftsbande

Um gute Freunde zu gewinnen
sollten wir zuerst beginnen,
selbst ein guter Freund zu sein,
dann entsteht von ganz allein
ein Verhältnis mit „Vertrauen",
darauf können wir stets bauen!
Auf Gemeinschaft ruht ein Segen,
deshalb sollten wir sie pflegen.
Liebe kann oft schnell vergehen
Freundschaft aber bleibt bestehen.
Ein geknüpftes Freundschaftsband
hält uns sicher – Hand in Hand.
Gute Freunde sind die Anker
für den ‚Lebens-Seenottanker.'
Sorgenlast sie mit uns teilen,
treugesinnt mit uns verweilen
mit uns lachen, mit uns fühlen
auf dem Weg zu neuen Zielen.

Inge Schramm
Eine wahre Freundin

Wenn es Dir gut geht
kann ich es seh´n

wenn es Dir gut geht
dann bist Du schön

wenn es Dir gut geht
seh' ich Dich lachen

wenn es Dir gut geht
machst Du lustige Sachen

wenn es Dir gut geht
hör ich Dich singen

wenn es Dir gut geht
will Dir alles gelingen

wenn es Dir gut geht
hast Du tausend Ideen

wenn es Dir gut geht
willst Du alles versteh'n

wenn es Dir gut geht
machst Du viel ohne Sinn,
dann ist es gut,
dass ich eine wahre Freundin bin

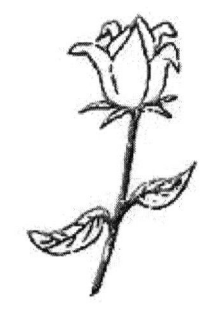

In guten wie in schweren Tagen
Stefanie Heggenberger

Der letzte Takt der Hip-Hop-Musik dröhnte durch die Sporthalle. „Super Mädels." Sabine klatschte lächelnd in die Hände. *Du musst es ihnen sagen.* „Kommt, lasst uns den zweiten Teil nochmal durchgehen." *Noch nicht.*
Pünktlich mit ihrem Fingerschnippen begannen die Teenager hinter ihr mit dem ersten Tanzschritt. „Und eins." Unter Sabines Brustbein stachen tausend Nadeln. „Und zwei", presste sie hervor. Sie unterdrückte den Schmerz und wirbelte herum. *The show must go on.* „Und dr..." Plötzlich tanzten kleine Lichtpunkte vor ihren Augen und die Knie versagten. Sie sackte zusammen und lag hilflos auf dem kalten Parkettboden.
„Sabine!" Eine Hand klatschte gegen ihre Wange. „Hörst du mich?"
Aus ihrem verschwommenen Blickfeld zeichneten sich langsam Ann-Kathrins Züge ab.
„Ja", krächzte sie mit trockener Kehle.
Leo half ihr auf. „Du hast uns einen ganz schönen Schrecken eingejagt."
„Tut mir leid, Mädels."
Magda reichte ihr eine Wasserflasche. „Irgendetwas stimmt doch nicht. Du wirst mit jedem Tag blasser."
Sabine nippte an der Flasche. „Ich habe nur zu wenig gegessen." Das war nicht einmal gelogen, denn sie hatte seit Tagen nichts Vernünftiges heruntergebracht. *Nebenwirkungen der Chemotherapie sind Übelkeit, Kreislaufprobleme, Schlappheit...,* hallte die Stimme von Dr. Meier in ihrem Kopf wider.
Magda streckte ihre Hand aus, um ihr aufzuhelfen. „Coach, du vergisst, wir sind Straßenkids und merken, wenn jemand etwas zu verbergen hat."
„Ich wusste nicht, wie ich es euch sagen soll, aber ich kann nicht länger eure Trainerin bleiben."
Ungläubig sahen sie die Mädchen an. Ann-Kathrin fuhr sich durch ihren Irokesen-Schnitt. „Das war klar. Du wirst uns fallen lassen, wie alle diese Sozialarbeiter-Heinis vor dir." Sie fuhr herum und rauschte in Richtung Umkleide davon.
Tränen glänzten in Madlens Augen. „Haben wir etwas falsch gemacht? Wenn es wegen des Zuspätkommens ist. Es wird nicht wieder vorkommen."

Sabine winkte ab. „Um Gottes Willen. Ihr habt absolut nichts damit zu tun! Und wegen deiner Unpünktlichkeit lasse ich mir doch den Applaus der Bürgerfestbesucher nicht entgehen." Sie zwinkerte Madlen zu.
„Was ist es dann?"
„Ich habe Lymphdrüsenkrebs." *Jetzt ist es raus.*
„Und da sagst du uns nichts?" Magda strich ihr über den Kopf und sah erschrocken auf das Haarbüschel, das an ihrer Hand haften blieb.
Ein Schauer sauste über Sabines Rücken. *Es geht früher los, als ich dachte.* Sie schluckte schwer. „Sieht so aus, als ob ich bald eine Perücke brauche." *Reiß dich zusammen! Diese Mädchen haben in ihrem Leben schon genug Probleme.*
Sie stand noch ein wenig benommen auf und klatschte in die Hände. „Und jetzt genug geplaudert! Bewegt eure müden Hinterteile."
Nach dem Training verschwand sie unter der Dusche und trauerte jeder Haarsträhne hinterher, die auf den kalten Fliesen landete und vom Abfluss verschluckt wurde.

Sabine kämpfte mit dem Infusionsständer, der sich am Bettfuß verkantet hatte. *Ob die Mädchen wohl gerade trainieren?* Auf wackeligen Beinen schleppte sie sich ins spärlich eingerichtete Badezimmer und erschrak jedes Mal aufs Neue über ihre kalkweiße Kopfhaut, auf der sich das Licht spiegelte. In den ersten Wochen hatte sie sich ein violettes Seidentuch umgebunden, um sich vor den mitleidigen Blicken zu schützen, doch dann kam die Erkenntnis, dass sie selbst der schönste Kopfschmuck davor nicht bewahren konnte. Langsam drehte sie sich um und setzte langsam einen Fuß vor den anderen, bis sie das Bett erreicht hatte.
Es klopfte an der Tür. Als diese sich einen Spalt öffnete, drang der Geruch von Zigarettenqualm in Sabines Nase. „Ann-Kathrin. Ich habe dir gesagt, dass du nicht kommen sollst."
„Du weißt doch genau, was ich von Regeln und Vorschreibungen halte", scherzte sie und öffnete die Tür ganz.
Sabine traute ihren Augen kaum. Ann-Kathrins Markenzeichen, der Irokesen-Schnitt, war einer Glatze gewichen. „Was ist dir denn passiert?"
Sie zuckte mit den Schultern. „Passiert? Nichts. Wieso?" Dann winkte sie hinter sich. „Schau doch erst mal wie die anderen aussehen."
Nach und nach trat eine Glatze nach der anderen ins Zimmer.
Sabine schlug die Hand vor den Mund. „Seid ihr wahnsinnig?"
„Wir haben weiter trainiert und beschlossen, den Auftritt auf dem Bür-

gerfest so zu machen."
„Danke, ihr seid echte Freunde."
„Wir danken dir, weil du so viel deiner Freizeit für uns hoffnungslose Fälle geopfert hast."

Deborah Rosen
Weggefährte

Mit Dir raufen, laufen, rennen
und gefährliche Wege gehen.
Zum Stillstand kommen,
wenn der Weg zu steil.
Dir die Hand dann reichen,
denn der Weg zu zweit
ist nie
zu weit.

Kathrin Strobl

Danke, dass es dich gibt.
Deine Freundschaft bedeutet mir so viel.
Niemand kennt mich so wie du.
Bei dir kann ich stets ich selbst sein und weiß, dass du mich akzeptierst.
Wir haben so viel zusammen erlebt. Gutes und Schlechtes.
Hatten aber auch sehr viel Spaß und haben viel gelacht.
Mit deiner Hilfe hab ich für jedes Problem eine Lösung gefunden.
Deine Schulter zum Anlehnen gibt mir immer Kraft und Halt.
Ohne dich wäre mein Leben nur halb so schön.
Dafür werde ich dir immer dankbar sein.

Rabe und Taube
Ulrike Demuth

„Nein, eine Verbindung ist derzeit nicht möglich, da kann ich leider gar nichts tun." Ich wende mich um zum Gehen. Überall im Reich fallen Bomben, natürlich treffen sie auch die Telefonmasten. Ich hatte nur gedacht, dass in der Stadt vielleicht noch Verbindungen bestehen. Im Radio hatten sie von der Bombardierung Weimars berichtet, mehrmals, aber nach dem neunten Februar hatte Minna noch in einem kurzen Brief mitgeteilt, dass sie und Ludwig mit der Kleinen wohlauf sind. Nun geht es auf Ostern zu, und seitdem kein Lebenszeichen mehr. Obwohl ich mir immer wieder sage, dass das nichts heißen muss, nagt die Sorge an mir. Nun war also dieser Weg umsonst.

Der Sturm heult ums Haus. Ich höre ihn durch die Eichen donnern. Wie er an unserem Haus zerrt, die Dachziegel herunterwirft. So kraftvoll und uralt. Regen prasselt gegen die Fenster. Eigentlich liebe ich die Vorfrühlingsstürme. Sie räumen auf mit dem Winter, schütteln die letzten toten Äste von den Bäumen, fegen das alte Laub fort und schaffen Raum für das neue Leben des Frühlings, dessen Geruch schon in der Luft liegt. Wenn ich dann nachts im Bett liege und lausche, fühle ich mich eins mit dem Leben, der Welt, dem Universum, ich bin draußen und fahre wild und frei durch die Bäume, und gleichzeitig bin ich warm und beschützt unter meiner Bettdecke wie ein kleines Kind.
Aber heute habe ich Angst. Ich fühle mich so klein. Eine winzige Ameise, die im Gefüge der Naturgewalt mit der Schuhsohle zerdrückt wird. Vielleicht kommt es jetzt, das Jüngste Gericht. Der Herr fährt mit Brausen nieder und wird uns alle vernichten, und wir müssen uns dafür verantworten, was war. In Zeiten, wenn alles im Wohlstand schwelgt und die Dinge ruhig ihren Gang gehen, ist es leicht anzunehmen, dass nichts uns etwas anhaben kann und unsere Vernunft uns alles erklärt, was wir wissen wollen. Aber wenn man abends seine Kinder hungrig ins Bett schicken muss, ohne den Vater, der gerade an der Front kämpft und von dem man den Kindern nicht einmal sagen kann, ob er wiederkommt, dann merkt man, was für ein kleines, unbedeutendes Rad im Getriebe man ist, und man fragt sich, wie jemand bloß auf die Idee kommen konnte, sein Glück aus sich selbst heraus erschaffen zu können. Alle noch so

logischen Gedanken ergeben keinen Sinn mehr. Alle Wissenschaft erscheint als Wahnsinn und pure Eitelkeit. Allein, ohne den Mann, der vielleicht gerade im Kanonenhagel verblutet, ohne die Freundin, die unter einem Trümmerhaufen begraben liegt ... Nein, das hat keinen Zweck. Ich stehe auf. Was gäbe ich jetzt um eine heiße Milch. Richtige heiße Kuhmilch, mit einem Löffel Honig. Pfefferminztee wird's auch tun.
Ich schaue ins Kinderzimmer. Sie ist zu ihrem großen Bruder ins Bett gekrochen. Und er hat so ritterlich den Arm um sie gelegt. Ich streiche über beide Kinderschöpfe. Kinderhaar ist so weich. Herrgott, was auch immer du mit mir vor hast, beschütze diese kleinen Seelen.

Es klopft. Der Telegrammkurier. „Entschuljen Se, dieses Telegramm ist schon fünf Tage alt. Aber die Weimarer wurden ausgebombt, wissense bestimmt."
„Ja, danke." Meine Hand zittert. „Wurden ausgebombt. Ludwig tot. Anna u. ich bei Nachbarn. Hilfe. M."
„Hören Sie, ich gebe Ihnen ein Telegramm mit. Warten Sie bitte, ich hole Geld."
„Na denn man zu, junge Frau, ich muss noch bei Tageslicht zurück."
Mein Gesicht brennt. Kann ich diesem Einfaltspinsel trauen? Soll ich lieber selbst aufs Postamt fahren? Aber er ist schneller. Wenn er das hinkriegt. Oder fahre ich doch? Aber mit wem? Meine Bewegungen fühlen sich an, als wenn ich durch Brei wate. Herrgott, wo sind die Zettel? Meine Hand zittert so sehr, dass ich die Antwort kaum zu Papier bringen kann. „Kommt sofort her. L." Ich zähle dem Kurier das Geld in die rissige Hand. Die weißen Flecken auf seinen Nägeln sind riesig. Als hätte er sie mit weißem Nagellack getupft. Absurd.

Der Wagen hält vor dem Gartentor. „Minna! Komm, gib mir deinen Koffer."
„Anna, sag Tante Luise guten Tag." Sie ist um Jahre gealtert. Die Kleine das reinste Gerippe.
„Sie hat sich auf euch gefreut. Und auf die Tiere. In Weimar gibts nichts außer Schutt und Asche."
„Hier ist das nicht so, kleine Anna." Ein mattes Lächeln huscht über das blasse Kindergesicht.
„Na dann geh, lauf' in den Ziegenstall, dort spielt Ernst mit seiner Schwester. Wir rufen euch zum Mittag." Minna lächelt, bis die Kleine

verschwunden ist. Ich bringe sie ins Haus, auf dem Küchenstuhl bricht sie zusammen. „Oh, Gott, Luise, unser Haus, unsere Sachen, drei Tage Zugfahrt ... und Ludwig ..." Ich stehe neben ihr, streiche ihr unbeholfen übers Haar. „Hör zu, Minna. Ich habe alles geregelt. Ihr bekommt die beiden Gästezimmer, bis wir etwas Eigenes für euch gefunden haben. Ich habe mit dem Gemeindekirchenrat gesprochen, du kannst als Gemeindehelferin arbeiten, bis Gustav wiederkommt, dann sehen wir weiter. Wir schaffen das gemeinsam. Du wirst sehen." Ich spüre, wie es sie schluchzend schüttelt, als sie sich an mich lehnt.
Aber mir wurde eine Freundin gesandt.

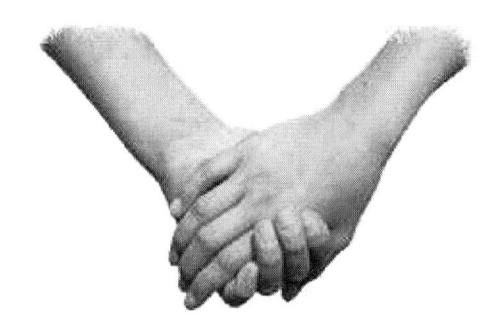

Eva Beylich
Spiele der Erwachsenen

er liebt mich
gerissener Tyrann
gerissenes Blatt
er liebt mich nicht
jetzt tief verletzt
gerissenes Blütenblatt
ein Stück Natur
egoistisch zerstört
geschmacklos
im Namen der Liebe
verstreut
verwelkt
verdorben
er liebt mich nicht

Mit mir
Bibi Bellinda

„Guten Morgen! Hast du heute Nacht auch in meinem Bett geschlafen?", begrüße ich mein Gegenüber, nachdem ich mich im Bett aufgerichtet habe. Das aufgeweckte Gesicht im Spiegel meines Kleiderschranks sieht weder verschlafen noch zerdrückt aus. Auch meine Haare lassen nicht darauf schließen, dass ich acht Stunden im Bett gelegen habe.
Erfreut winke ich meinem Spiegelbild zu.
Im Badezimmer blicken mich lebhafte Augen mit festem Blick an. Fröhlich blinzle ich zurück. Manchmal blitzt ein Hauch von Übermut aus meinen Augen, dann wieder ist mein Blick verschmitzt lächelnd, manchmal fordernd, oder große Augen schauen mich bedeutungsvoll an. Mein prüfender Blick gleitet meinen nackten Körper entlang. Mit meiner Figur kann ich sehr zufrieden sein. Ich genieße das Kunstwerk der Natur, die natürliche, nicht übertriebene Schönheit eines Körpers, den ich bewohnen darf. Dass die Natur mich bevorzugt ausgestattet hat, ist mir bewusst. Dafür bin ich sehr dankbar, aber auch stolz auf meinen respektvollen und pfleglichen Umgang mit mir.
Obwohl es kalt ist, bleibe ich noch eine Stunde unbekleidet, während ich zum Frühstücken und zu meiner Morgentoilette zwischen Küche und Badezimmer hin- und hergehe. Sicherheitshalber werfe ich von Zeit zu Zeit einen Blick durch das Fenster, um mich zu vergewissern, dass ich ohne Beobachter bin.
Nach dem Haarewaschen ribble ich nicht nur meinen Kopf ab, sondern massiere auch meine Oberschenkel, um die angeblichen Problemzonen einer Frau nicht zu ebensolchen werden zu lassen. Zusätzlich mache ich Beinübungen, während ich meine Haare föhne.
Kulinarisch und optisch gestärkt, duelliere ich mich mit meinem inneren Schweinehund und mache mich zum Wandern und Laufen auf. Meistens gewinne ich und stärke meine körperliche und mentale Fitness mit einer frischen Dosis Sauerstoff.
Ich erfreue mich an der Natur, genieße die Bewegung meiner Muskeln und gehe in der sportlichen Verausgabung auf.
Manchmal amüsiere ich mich über mich oder andere, manchmal lache ich mit mir und ignoriere dabei, ob ich beobachtet werde.
Mittlerweile bin ich seit einem guten Jahr ohne Partner. Obwohl ich die

körperlichen Genüsse schmerzlich vermisse, passe ich gut auf mich auf und lasse keinen an mich heran. Ob ich einen eifersüchtigen Eindruck mache?
Und doch ziehen mein neugieriges, kommunikatives Wesen und meine mich verjüngende Fitness und Attraktivität an.
Aber wer sich zu sehr für mich interessiert, dem laufe ich mit einem fast fadenscheinigen Vorwand davon.
Vielleicht überschätze ich meine Stärke und Unabhängigkeit, aber ich bin stolz auf sie.
„Das sehe ich auch so", stimme ich mir manchmal spaßhalber zu, aber ich prüfe meine Standpunkte auch immer wieder und verschiebe, justiere oder bestätige sie.

Abends trainiere ich während des Zähneputzens, mit überhängenden Beinen am Sofa liegend, meine Bauchmuskeln.
Nach einer warmen Dusche creme ich meinen Körper ein und massiere meine Brüste. Obwohl das Duschen meine ärgste Müdigkeit vertreibt, schlafe ich meist binnen weniger Sekunden im Bett ein.
Wenn ich noch munter genug bin, blicke ich zufrieden auf die erlebten Glücksmomente dieses Tages zurück.
„Gute Nacht, mein Schatz!", wünsche ich mir hin und wieder und küsse mich liebevoll auf meine Arme oder Schultern, bevor ich mich zusammenrolle, die Decke über meine Ohren ziehe und friedlich einschlafe.

Liliana Kremsner
Ein gutes Team

Ein gutes Team: Dank dir – dank mir,
was Freundschaft prägt – im Nu vollbracht,
Zusammenhalt im Jetzt und Hier.
Ein gutes Team: Dank dir – dank mir,
dank zweier Freunde leicht zu vier,
von zwei zu vier – von vier zu acht.
Ein gutes Team: Dank dir – dank mir,
was Freundschaft prägt – im Nu vollbracht.

Alexander Groth
Weil wir Freunde sind

Wenn du anfängst zu weinen,
halt ich die Taschentücher bereit.
Wenn du den ganzen Tag trauern musst,
helf' ich dir wieder glücklich zu sein.
Wenn jeglicher Funken
deiner Hoffnung verglüht,
entfache ich das Feuer
für dich erneut.
Wenn du denkst, dass dein Lebensweg
in einer Sackgasse endet,
sorg' ich dafür, dass du keinen
deiner Schritte bereust.
Wenn du mich nun fragst,
warum ich all dies tue,
dann antworte ich schlicht:
„Weil wir Freunde sind."

Rosemarie C. Barth
Eine Freundschaft an der Elbe

Schluss! Nie wieder Krieg!
Der Friedensschwur überm Fluss
hat uns gerettet.

(dieses Haiku ist eine Anlehnung an den Buchklappentext von Dr. U. Niedersen)

Brigitte Wagner
Danke

Ein kleines Dankeschön an dich,
dass du so oft da bist, für mich.

Dass du, wenn ich dich brauche, immer Zeit für mich hast
und deine Ratschläge, sie haben immer goldrichtig gepasst.

Für meine Probleme, hast du auch immer ein offenes Ohr,
du warst auch mein Wegweiser, als ich mal die Orientierung verlor.

Und bringt mich mal wieder, jemand auf die Palme hinauf,
bist du da und spannst ein Sprungtuch auf.

Du bringst mich zurück, auf den Boden der Realität
und du erinnerst mich, für eine Entschuldigung ist es nie zu spät.

Dich Freundin nennen zu dürfen, ist einfach schön,
deshalb freue ich mich schon auf das nächste Wiedersehen.

Andrea Lutz
Freundin

Ich danke dir
Für die Geduld die du zeigst.
Für Stunden,
in denen du zuhörst und schweigst.
Und für Wahrheiten,
die oft unbequem – ausgesprochen
nicht zwischen uns stehn.
Mensch, das tut so gut!
Ich sag dir was ich denke.
Du hörst zu und verstehst mich.
Gibt es bessere Geschenke?

Neunundvierzig Zentimeter
Johanna Sibera

Jedes Mal ist es für Vera aufs Neue unfassbar, diesen Weg zu gehen, durch den Garten des Pflegeheims. Nein, es ist ja schon ein Park, ein kleiner Park - was ist der Unterschied zwischen Garten und Park, eigentlich ist er selbstverständlich, dieser Unterschied; wer denkt schon darüber nach? Und dennoch hat Sophie neulich darüber nachgedacht, mit vor Anstrengung tief gerunzelter Stirn und unter Verwendung ihrer beiden kleinen Hände, mit denen sie ihren immer noch schlecht verständlichen Worten Nachdruck verleihen wollte. Fast hätte Vera wieder einmal ihre Tränen nicht zurückhalten können bei diesem Anblick. Sophie im Rollstuhl, ihre kleine, sportliche, eigentlich immer gut gelaunte Freundin, Begleiterin durch mehr als fünfzig Jahre Leben. Wie mager sie geworden ist seit ihrem Schlaganfall. Und gleichzeitig sieht sie sehr jung aus, jünger als früher; es sind die Umrisse eines Kindes, die Vera da vor sich sieht. Schwester Ilse, der gute Engel auf der Pflegestation, hat ihr zart das Gesicht eingecremt und den dunklen Schopf mit einer Spange zur Seite gekämmt. Hübsch sieht das aus und der weiße Haaransatz fällt gar nicht mehr auf.
Ja, da war Sophie früher immer sehr heikel gewesen, graue Haare hatte sie an sich nicht dulden wollen und immer pünktlich nachgefärbt. Das war dann natürlich Wochen, ja Monate lang während ihrer Krankheit kein Thema. Dass Sophie nach dieser Infektion mit einem zerstörerischen Keim, der bei einer Routineuntersuchung im Krankenhaus in ihren Körper gelangte, mit dem Leben davon gekommen war, grenzt an ein Wunder sagten die Ärzte. Aber viel zu spät erkannt hatte man das. Sophies Herz war schon schwer angegriffen. Die Folge davon waren zwei Schlaganfälle, die Veras Freundin fast aufs Totenbett gezwungen hatten. Jetzt war sie auf diesen Rollstuhl angewiesen. Aber es wurde besser und besser, das linke Bein war noch nicht ordentlich zu gebrauchen und der linke Arm immer noch ein großes Problem, aber sie konnte schon wieder ein bisschen darüber lachen mit ihrem aparten Mund mit den kräftigen Eckzähnen. „Mein kleiner Vampir" hatte Johannes sie immer zärtlich genannt, drei, vier Jahre lang, die ganze Zeit, in der sie verlobt gewesen waren. Damals verlobte man sich noch, da schien alles eine wunderbare und sichere Sache gewesen zu sein.

Sophie richtete eine Wohnung für sich und Johannes ein; und plötzlich hatte er keine zärtliche Bezeichnung mehr für sie gehabt. Er bedachte dann wohl eine andere mit Kosenamen? Wie war das gekommen? Sophie zog sich völlig zurück nach dieser Enttäuschung und Vera war der einzige Mensch, den sie in ihre Nähe ließ. Vera hatte die Geduld gehabt, ihr zuzuhören, viele Wochen und Monate immer ein Ohr zu haben für den Kummer der Freundin.

Und eines Tages war es vorbei. Sophie hatte abgeschlossen mit dem ‚Kapitel Johannes', aber nicht nur mit ihm, sondern mit allen Männern. Sie war alleingeblieben in ihrer hübschen Wohnung und hatte sich hineingekniet in eine feine Karriere, man schätzte sie sehr in ihrer Firma.

Wie anders war hingegen Veras Leben verlaufen. Die hatte sich nicht lange mit einer Verlobung aufgehalten, sondern war gleich mit Zwillingen schwanger geworden, denen knapp zwei Jahre später ein drittes Mädchen folgte. Und jetzt war Vera schon eine Großmama, eine sehr jugendliche, groß und blond – ja, sie waren immer ein krasser Gegensatz gewesen in ihrem Äußeren, die kleine dunkle Sophie und die großgewachsene Vera mit der blonden Mähne. Kleider, Hosen und Pullover tauschen, wie es unter guten Freundinnen üblich ist, hatte es nie gegeben für die beiden. Allein ihre Schuhgrößen lagen vier Nummern auseinander. Eigentlich kaum erklärbar, wenn man es sich recht überlegte: Waren sie doch im Spital auf der Geburtenstation gleichgroß gewesen. Dort, wo sich ihre Mütter kennengelernt und ihre ewige Freundschaft, die Töchter einbeziehend, begonnen haben. Zwei Mädchen, am selben Tag geboren, die eine mit dunklen Haaren, die andere heller, mit blondem Flaum am Köpfchen. Aber wie sie so da lagen, gebadet, gewickelt, frisch zur Welt gekommene Freude, hatte das Maßband ergeben, dass sie beide exakt gleich groß waren, neunundvierzig Zentimeter.

Jetzt hat Sophie ihre Freundin gesehen, wie sie da am Gartenweg auf sie zukommt. Lacht sie an; es ist immer noch ein etwas unsicheres Lächeln, noch nicht ganz geglückt. Vera kniet neben dem Rollstuhl nieder, damit sich Sophie nicht so weit zu ihr hinauf strecken muss. Das geht noch nicht so gut. Sophie legt ihren Arm um Vera, den rechten, da funktioniert ja alles, der linke will noch nicht. Doch morgen wird es vielleicht besser sein. Und wenn es nicht morgen ist, dann in ein paar Wochen, das haben die Ärzte fest versprochen. Nicht alle Versprechen werden gehalten, aber was sicher halten wird ist diese Freundschaft, deren Grundstein vor vielen Jahren gelegt wurde, zwischen zwei Kindern mit der Größe von knapp einem halben Meter.

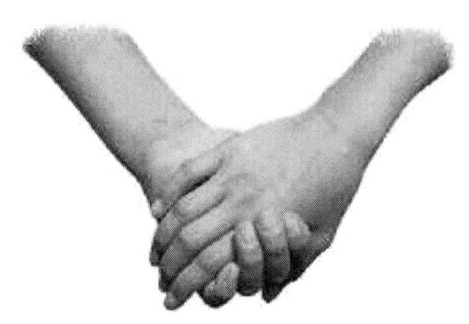

Werner Siepler
Wichtige Freundschaft

Eine Freundschaft ist ein sehr wertvolles Gut,
Freunde immer zueinander stehen.
Bedingungslose Treue hierauf beruht,
gemeinsam sie durch dick und dünn gehen.

Kontakte zu Freunden wollen gepflegt sein,
sie sind nun mal von großer Wichtigkeit.
Ist ein Mensch mit seinen Problemen allein,
beginnt oft eine schwere Leidenszeit.

Auch wenn der Alltagsstress dir wenig Zeit lässt,
vergiss trotz Zeitnot deine Freunde nicht.
Halte an ihnen dein ganzes Leben fest,
eine Freundschaft häufig zu schnell zerbricht.

Wenn du für die Freunde kaum Zeit investierst,
weil der Stress den Tagesablauf bestimmt,
deine Freundschaften so auf's Spiel setzen wirst,
dir die Zeit dann letztlich die Freunde nimmt.

Zwei gebrochene Herzen
Stefanie Linz

Wie durch ein Wunder gelang es Denise Sandberg, ihren Arbeitsplatz pünktlich zu verlassen. Erschöpft ließ sie das Büro hinter sich. Sie ging zu ihrem Wagen, fuhr ein paar Querstraßen in südlicher Richtung und parkte neben einem schwarzen SUV.
Zusammen mit einem gutgekleideten Mann, der einen großen Koffer neben sich herrollte, erreichte sie den Eingang des Hotels. Er lächelte sie an und hielt ihr die Tür auf.
Denise bedankte sich. Solche Kleinigkeiten schafften es immer wieder, ihre Laune in die Höhe zu treiben und sogleich neue Energie freizusetzen. Augenblicklich verschwand das matte Gefühl der langen Arbeitsstunden.
Der Mann checkte ein. Wahrscheinlich geschäftlich unterwegs, dachte Denise und war im Stillen froh, dass ihr so eine rastlose Tätigkeit erspart blieb. Sie liebte ihren Schreibtisch, auch wenn sie sich mit den unzufriedenen Kunden herumplagen musste.
Von allem, was schief ging, landeten fünfundzwanzig Prozent auf ihrem Schreibtisch, der Rest verteilte sich auf die Kollegen ihrer Abteilung.
Denise ging am Empfang vorbei und wandte sich wie jeden Mittwoch nach rechts. Um die lange Woche zu überbrücken, sodass man in der Lage ist bis zum Freitagabend durchzuhalten, sollte man mittwochs etwas haben, worauf man sich freut.
In ihrem Fall war ein zwangloses, wenn auch ungewöhnlich spätes Kaffeetrinken mit Roderick, einem ihrer Kollegen, zum wöchentlichen Ritual geworden.
Sie betrat das Hotelrestaurant, wartete einen Moment, bis die Bedienung sich ihr zuwandte. Diese machte eine freundliche Geste, die Denise bedeutete, an ihrem üblichen Tisch Platz zu nehmen. Weiter hinten, in einer Nische, saßen zwei Herren, deren sorgfältig gebundene Krawatten darauf hinwiesen, dass sich die beiden noch mitten in einem Arbeitsessen befanden. Links von Denise tauschten drei ältere Damen so angeregt das Neuste über Familie, Nachbarn und Bekannte aus, dass sie weder Kaffee noch ihre Tortenstücke beachteten.
Abgesehen von diesen fünf Personen befand sich Denise in einem sonst leeren Saal.

Denise griff in ihre Handtasche, die über ihrer Stuhllehne hing und holte ihr Smartphone hervor. Während sie auf die Speisekarte wartete, die vom Hotel jeden Monat umgestellt wurde, um saisonale Speisen hervorzuheben, warf sie einen Blick auf ihre privaten Mails.
Nach einer Weile schaute sie sich nach der Bedienung um. Die Frau verhielt sich sehr diskret und angenehm, offenbar ging sie davon aus, dass Denise mit ihrer Bestellung warten wollte, bis Roderick eingetroffen war. Doch nach einem sehr leichten Mittagessen, das mehrere Stunden zurücklag, knurrte ihr leicht der Magen. So bat sie die Frau an ihren Tisch.
„Ich hätte gern einen gegrillten Pfirsich", sagte Denise in der Hoffnung, dass sich ihre Wahl noch auf der aktuellen Karte befand.
„Möchten Sie den gegrillten Pfirsich zusätzlich, oder wollen Sie etwas an der Menüfolge verändern?", erkundigte sich die Frau in sanftem Ton.
„Wie bitte?", fragte Denise unsicher nach.
„Ihre Begleitung hat telefonisch um eine bestimmte Menüabfolge für heute gebeten. Darf ich Ihnen den gegrillten Pfirsich trotzdem bringen?"
„Vielen Dank, aber wenn das so ist, lasse ich mich überraschen. Dann möchte ich im Moment nur einen Kaffee Americano", entschied sich Denise.
„Natürlich. Den bringe ich Ihnen sofort."
Denise lehnte sich zurück und ließ sich von den großen Gemälden in ungewohntem nordischen Stil zum Träumen verführen.
Roderick ließ nicht mehr lange auf sich warten. Er gehörte zu den wenigen Männern, die es schafften, seriös zu wirken, selbst wenn sie keine Krawatte trugen. Sein Anzug war farblich genau auf seine gediegenen braunen Haare abgestimmt. Mit seiner Adlernase und der ernsten Mimik schaffte er es, jeden Raum allein durch seine Anwesenheit zu dominieren.
Roderick begrüßte sie mit einem Kuss. „Mein Telefon wollte einfach nicht aufhören zu klingeln", entschuldigte er sich für die Verspätung.
„Dagegen kann man leider nicht ankommen", meinte Denise verständnisvoll. „Was hat es denn mit dem Menü auf sich?"
Er rang sich ein schiefes Lächeln ab und breitete die Hände aus. „Überraschung! Ich habe gedacht, wir könnten unser Treffen heute mal bis nach dem Abendessen ausdehnen."
Zunächst wurde eine Etagére mit kleinen Sandwiches und Scones gebracht. Sie aßen beide mit großem Appetit.

Nach einer Weile lehnte sich Roderick zu Denise und hielt sein Smartphone, bereit für ein Selfie, auf Armeslänge von ihnen entfernt.
Vom zweiten Gang des Menüs bekam Denise kaum mehr etwas mit, weil der Ring, den Roderick ihr im gleichen Augenblick entgegenhielt, ihr den Atem raubte. Dem Aussehen des Rings zu urteilen, musste es ein alter Familienring sein, was ihn umso faszinierender machte.
Dieser Moment trieb Denise Tränen in die Augen. Es brach ihr das Herz, ihm sagen zu müssen, dass sie nur seine Freundschaft wollte.

Irene Barthel
Meditation Freundschaft

Du machst
nicht viele Worte,
spielst dich nie
in den Vordergrund,
prahlst nicht damit,
was du alles tust
für mich.
Du tust es ganz einfach,
bist da,
wenn ich dich brauche,
stellst immer wieder
unter Beweis,
dass sie sich nicht
darstellt
in gut gesetzten Worten,
sondern allein
in der Tat,
die wahre
Freundschaft.

Birgitta Zörner

SEELENVERBUNDENHEIT

SEELENVERBUNDENHEIT
zusammen schweben
in tiefem Einklang
Engel fliegen mit

SEELENVERBUNDENHEIT
wahrhaftig offen
für den anderen
Selbstsein und Einssein

SEELENVERBUNDENHEIT
grenzenlos unendlich
getragen vom Licht
hinein in das Leben

Zwei Seelen
singen zusammen
das Lied der FREUNDSCHAFT

"Freundschaft verzaubert, sie macht gute Zeiten noch besser und lässt uns die schlechten vergessen."

Diary Night
Beatrix Mittermann

Beim Knallen des ersten Korkens waren die beiden schon guter Dinge. Der letzte Mädelsabend war viel zu lange her. Sarah und Melanie hatten sich tagelang auf ihr Treffen gefreut.
Seit der Schulzeit waren die beiden gut befreundet und sind ihren Weg seit dem vierzehnten Lebensjahr gemeinsam gegangen.
Nach dem Studium hatten sich ihre Wege in ungleiche Berufslaufbahnen getrennt. Nach einem langen Arbeitsalltag war es nicht immer leicht, neben Familie und Freizeitaktivitäten noch Treffen miteinander auszumachen. Aber hin und wieder schafften sie es, etwas Zeit miteinander zu verbringen. Dieser Abend war wieder eine dieser raren Gelegenheiten, zu denen beide Terminkalender eine Lücke aufwiesen. Dann war es schnell beschlossen worden. Sarahs Mann war mit Sohn Felix zu einem Fußballspiel unterwegs. So hatte das Haus ein paar Stunden Auszeit von Teenager-Gezicke und Konflikten. Sechzehn war kein einfaches Alter. Die Pubertät hatte deutlich negative Spuren in Felix' Verhalten hinterlassen. Da kam ihr ein Abend ohne Mann und Sohn zum Abschalten gelegen.
Melanies Tochter war seit mehreren Monaten ausgezogen, um in Graz ihr Studium aufzunehmen. Seit Melanies Beförderung zur Bankett-Managerin im Hotel waren zahlreiche Überstunden zur Regel geworden. Nachdem sie den letzten großen Event gut über die Bühne gebracht hatte, war auch bei ihr der Zeitpunkt für einen dreitägigen Urlaub gekommen. Dieser erlaubte es ihr nun, lang vernachlässigten Freunden wieder mal einen Besuch abzustatten.
Beim Knallen des zweiten Korkens war die Stimmung im Haus ausgelassen wie lange nicht mehr. Melanie erzählte, dass beim Verstauen der Sachen, die ihre Tochter beim Auszug zurückgelassen hatte, ein altes Tagebuch zum Vorschein gekommen war. Gemeinsam mit alten Schulbüchern hatte sie es auf dem Dachboden in einer großen Kiste verstaut.
„Kannst du dich noch an unsere Tagebücher von damals erinnern?", fragte Sarah plötzlich.
Melanie überlegte kurz und begann zu schmunzeln: „Oh ja! Wie oft wir die unnötigsten Details unseres Schwarms festgehalten haben! Fühlt sich an, als wäre das ewig her. Fast wie aus einem anderen Leben."
„Weißt du was? Ich glaube, ich habe meins noch in einer Truhe im Keller

irgendwo", verkündete Sarah mit funkelnden Augen.
Mit einem Gläschen Prosecco in der Hand stiegen die beiden in den Keller, um auf Schatzsuche längst vergessener Gefühle zu gehen. Tatsächlich lag in der Truhe neben alten Klamotten, Babyschuhen und Souvenirs von Sarahs Hochzeit das Tagebuch, das sie vor mehr als dreißig Jahren geführt hatte. Nach ungeschickten Versuchen, das Schloss ohne den längst verlorenen passenden Schlüssel zu knacken, griff Sarah nach der Kombizange aus dem Werkzeugschrank ihres Mannes. Ein lautes Knacken und schon stand nichts mehr zwischen den beiden und den tiefsten Geheimnissen aus Sarahs Jugend. Beim Durchblättern entdeckten sie Fotos ihres damaligen Schwarms, Sticker, Herzen und ein Auf und Ab jugendlicher Emotionen. Neugierig inspizierten sie die rosaroten, zart nach Blumen duftenden Seiten, bis sie auf einer davon plötzlich stehenblieben. Sie hatten es beide zeitgleich entdeckt. Das Foto war etwas vergilbt und die gewellte Oberfläche zeugte davon, wie viele Tränen darüber vergossen worden waren. Thomas! Ein Kapitel aus Sarahs Leben, an das sie schon ewig nicht mehr gedacht hatte. Sie spürte plötzlich einen Knoten in der Brust, der sie selbst überraschte. Es war eine düstere Zeit, als ihr erster Freund, für den sie monatelang gekämpft hatte, nach wenigen Wochen *Beziehung* Schluss gemacht hatte. Für Sarah war eine Welt zusammengebrochen. Seitenweise blickte sie auf die Scherben der damaligen Trennung. Leicht zerknittert fand sie sorgfältig eingeklebt einen Brief, den Thomas ihr geschrieben hatte. Nicht einmal den Mut hatte er gehabt, ihr die Botschaft persönlich zu überbringen. Sarah konnte sich in ihr früheres ‚Ich' hineinversetzen, das im Dunkeln in ihrem Zimmer saß und darauf wartete, dass alles einen Sinn ergab. Einige Seiten weiter sah sie den Eintrag nach dem Konzert, das einen Monat nach der Trennung im Nachbarort stattfand, als sie Thomas mit seiner Neuen entdeckt hatte. Ein Schlag in die Magengegend war nichts im Vergleich zu den Schmerzen, die sie damals in ihrem Herzen verspürte. Auch Melanie konnte sich sehr gut daran erinnern, wie es ihrer besten Freundin damals zumute war.
„Wie hast du es geschafft, darüber hinwegzukommen?"
Sarah überlegte kurz und suchte nach einem kleinen Kuvert, das sie im Tagebuch aufbewahrt hatte. Darin waren unzählige kleine Zettelchen archiviert, die sie nacheinander herauszog. „Kennst du die noch? Kleine Notizen, die du mir in den Pausen zugeschoben oder am Ende des Unterrichts in die Jacke gesteckt hattest, dass ich sie später finde. Kleine Nachrichten, die mich daran erinnern sollen, dass ich nicht alleine bin, jemand

immer für mich da sein wird."
Melanie hatte das total vergessen.
Lass den Kopf nicht hängen, es wird alles wieder besser.
Denk daran, du bist nicht alleine. Ich werde immer für dich da sein, wenn du mich brauchst.
Heute schon gelächelt? Du hast etwas viel Besseres verdient.
Sarah hatte damals die Bedeutung einer richtig guten Freundschaft zum ersten Mal verstanden. Ohne Melanie hätte sie die Situation deutlich länger mitgenommen, als es mit ihr der Fall war.
„Und das Tolle ist, du hattest wirklich recht. Der Richtige ist gekommen! Wenn wir damals schon gewusst hätten, wie viele Frösche noch auf uns zukommen würden, ehe wir an den Prinzen geraten. Das hätte alles einfacher gemacht."
Dieser Blick zurück in die Vergangenheit hatte beiden Frauen an diesem Tag wieder ins Bewusstsein gerufen, wie wertvoll ihre Freundschaft war. Über so viele Jahre hinweg hatten sie einander beigestanden und Vertrauen ineinander aufgebaut. Ganz klar ein weiterer Grund, die Gläser erneut zu erheben. Das Klirren hallte durch die großen Keller, als die beiden auf ihre Freundschaft anstießen und den Abend glücklich mit weiteren Geschichten aus ihrer Vergangenheit ausklingen ließen.

Andreas Glanz
Freunde

zwei
die sich verstehen
ohne zu reden
vertrauen
ohne zu zweifeln
zusammen stehen
ohne einzuengen
sich fallen lassen
ohne zu stürzen
und helfen
einfach so

Sprechen Sie täglich mit fünf Menschen
Alexandra Leicht

Mein Innenleben war mir genug. Menschen saugten die Kraft aus mir heraus, und man sagte, ich sei ein stiller Typ. Partylöwen waren anders.
„Junge", seufzte meine Mutter, „du kannst nicht immer nur alleine sein."
„Mir geht es gut damit", antwortete ich. „Ich brauche nicht viele Menschen um mich."
„Die ein bis zwei Freunde die du hast, die reichen doch nicht für ein ganzes Leben."
Vielleicht stimmte das? Manche Leute hatten an jedem Finger mindestens zwanzig Freunde, aber für mich, den Eigenbrötler, war es nicht so einfach, neue Freunde kennenzulernen. Außerdem war ich mit dem Begriff ‚Freund' vorsichtig; zuerst gab es lange Zeit den Status des Bekannten, bis ich vertrauter wurde.
„Freundschaft muss man sich verdienen", antwortete ich lapidar, um das Thema abzuschütteln, wie einen bissigen Hund.
„Stimmt", ließ sie nicht locker, „aber beide Seiten müssen etwas dafür tun, und vor allen Dingen, musst du erst einmal Leute treffen."
Was mich traf, war eine aufgeschlagene Zeitschrift. Ein Ratgeber in einem Frauenboulevardblättchen mit bunten Bildern über riesiger Überschrift: ***Sprechen Sie täglich mit fünf Menschen.***
Ich las: *Wenn Sie zum Bäcker gehen oder Gemüse auf dem Wochenmarkt kaufen, bemühen Sie sich, mit den Menschen, denen Sie begegnen, Verkäufer, andere Kunden, zu sprechen. Auch wenn Sie Menschen nur flüchtig kennen, versuchen Sie, zumindest ‚Hallo' zu sagen und ihnen nicht nur zuzuwinken oder, schlimmer noch, mit gesenktem Kopf vorbeizugehen. Diese offene Einstellung wird Ihnen helfen, neue Leute kennenzulernen, was wiederum Ihre Chancen auf neue* Freunde *erhöht.*
Begegnete ich fünf Menschen in meinem Alltag? Ich fuhr mit dem Auto zur Arbeit, saß in einem Einzelbüro, fuhr wieder zurück. Allein. Summa summarum zählte ich eine Person: mich. Selbstgespräche würde meine Mutter nicht gelten lassen. Also nahm ich die Herausforderung an und startete am nächsten Tag den Freundschaftsanbahnungsratgeberversuch.
„Drei Brötchen, bitte", sagte ich frühmorgens zur Bäckereifachverkäuferin und fügte hinzu: „Ein schöner Tag heute, nicht wahr?"

„Normal oder Körner?", fragte sie und ignorierte den ‚schönen Tag'.
„Mit Sonnenblumenkörnern." Heute war ich mutig. „Ist mal etwas anderes", bemerkte ich, mein Kleingeld zusammen kratzend. Sie war verärgert, als die Ein-Cent-Münzen von meiner Faust in ihre wechselten und sie nachzählte. Um das Gespräch in Gang zu halten, sagte ich: „Auf Wiedersehen." *Ein Strich* auf meiner Unterhaltungsliste war mir damit schon vor sieben Uhr sicher.
Mit Brötchentüte im Büro lauerte ich gesprächsbereit einem Kollegen vom Nachbarbüro auf. „Ich bringe dir deinen Locher zurück", schneite ich hinein, in das Arbeitsleben eines jungen Anzug tragenden Herrn.
„Locher?"
„Den ich mir geliehen habe", stellte ich klar und freute mich, dass die Unterhaltung so flüssig von der Hand ging.
„Ach, der Locher, den du dir vor über einem Jahr geborgt hattest?"
„Genau den. Er ist so gut wie neu", erklärte ich. „Ich brauchte ja nur zwei Löcher." Ich pustete den Staub vom Gerät, platzierte es akkurat neben einen weiteren Locher, der viel moderner und farblich besser zu den anderen Schreibutensilien passte, und den der Kollege sich in der Zwischenzeit neu bestellt hatte. Ich ging. *Strich zwei* abgehakt.
Für *Strich drei* fuhr ich tanken. Fünf Literchen presste ich in mein Auto und sagte an der Kasse: „Zapfsäule eins, bitte."
„Das macht zehn Euro."
„Ich zahle mit Karte." Das Gespräch brauchte eine Verlängerung und so erklärte ich: „Ich habe leider kein Bargeld."
Die Tankangestellte nickte und schielte auf mein Fünfliterauto. Jeden Tag konnte ich mir hier jedenfalls keine Gespräche erkaufen.
Auch das vierte Gespräch benötigte einen Umweg. Ich ging in den Supermarkt, als Alternative zum Wochenmarkt, den mir der Zeitschriftenratgeber vorschlug. Mit erhobenem Kopf, auf Gespräche hoffend, ging ich freundlich grüßend durch die Regale. Mütter mit schreienden Kindern schubsten mich zur Seite. Die Verkäuferin sah mich grimmig schweigend an, als ich eine Beratung zu Schlangengurken erbat.
Schließlich strandete ich an der Wursttheke. „Sie wünschen?"
Ich blickte auf die Auslage, bis die Schlange hinter mir nervös zuckte, als ich der Bedienung sagte: „Wussten Sie, dass die Blutwurst als die älteste Wurstsorte der Menschheit gilt? Sie war bereits im antiken Griechenland bekannt."
„Darf ich Ihnen etwas davon einpacken?", fragte die Thekenfrau.

„Nein danke", sagte ich. „Ich nehme fünf Scheiben Salami."
Vier Gespräche, der Tag verflogen.
Ich schlich gescheitert in meine Wohnung. Als Joker konnte ich vielleicht noch jemanden anrufen?
Es klingelte an der Tür. „Hi", grüßte ein Dreitagebart. „Ich bin Robert, der neue Nachbar von oben drüber."
„Hallo", grüßte ich.
„Hast du zufällig irgendetwas im Haus, was ich auf einen erstklassigen Pizzateig platzieren könnte? Ich habe vergessen einzukaufen."
„Salami?"
„Super", freute er sich. „Willst du mitessen? Die Pizza ist groß genug und ich esse nicht gern allein."
Das *fünfte Gespräch* verlief vielversprechend.

Miriam Elena Sipala
Regenbogenbrücke

Die vergessenen Inseln
zwischen den Welten
erinnern an eine
asiatisch anmutende Allegorie
unstillbare Sehnsuchtsbilder
lösen sich in geometrische
Formschönheiten auf
der Realitätsanspruch entfällt
Seelenmalerei
Verpixelung
ein unaufhaltbarer Wandel
bühnenartig komponiert
erscheint der Tod
in seinem dunklen Gewand
begleitet dich
über die Regenbogenbrücke
die Dunstzone am Horizont
wird dichter
deine Silhouette wird zu meinem Emblem
und plötzlich ist der Himmel leer
du – mein absolutes Inbild – ewiglich.

Tatjana Münster
Wir Drei

Erinnert ihr euch,
an die vielen Jahre,
gemeinsamen Lebens.

Unsere Abende am Seestrand,
leise lauschten wir den Wellen,
lachten und weinten,
teilten Erfahrungen und Probleme.

Heute verlasst ihr die Stadt
und ich bleibe zurück.
Ein letzter gemeinsamer Abend,
an unserem liebsten Fleck.

Ich weine nicht,
denn ihr müsst euren Weg finden.
Ich lache nicht,
denn ich vermisse euch schon jetzt.
Ich beobachte euch,
und genieße noch einmal,
euer Lachen, eure Stimmen,
und das Erzählen alter Geschichten.

Heute sagen wir Tschüss.
Ich warte hier auf euch,
in meinem Herzen,
seid ihr immer da.

Zerregnet
Ronny Gempe

Egal, wie lange ich ihn anstarrte, es änderte sich doch nichts. Blanke Fassungslosigkeit. „Dieser Regenbogen ist ein ... abstrakter Albtraum!"
Ein psychedelisches Bild aus den Sechzigern. Ein verschwommener Farbenbrei. Ich hätte am liebsten losgeheult, geschrien, aber viel zu viele Menschen standen um uns herum. Manche zeigten bereits darauf, tuschelten, glotzten, konnten auch ihre Blicke nicht von ihm losreißen.
„Der plötzliche Schauer – und dann – den hat's einfach *total zerregnet*", stammelte Thomas inzwischen schon zum fünften Mal.
Ich hörte ihn, verstand, was er sagte, und konnte es dennoch nicht glauben. „Siehst du nicht, was ich sehe? Das ist das Ende ... Prosecco-Finito!"
„Nicht mal 'ne poplige Sondermeldung: ‚Passen'se uff, in Berlin kracht it jewaltich!', schaltete sich Lars dazwischen. Typisch, dass von dem nur ein blöder Spruch kam.
„Ja, hahaha. Wir sitzen echt in der Sch... Klemme", patzte ich zurück.
Doch in einem Punkt hatte Lars Recht: Das Gewitter kam überraschend. Eigentlich sollte es an der Stadt vorbeiziehen und sich nicht über unseren Köpfen ergießen. Ein schwerer Regen, der alles mit sich wischte. Erbarmungslos.
„... und wenn wir einen Neuen malen? Ich meine, von der Farbe ist noch was übrig und der Regen lässt nach."
„Thomas, das bringt nichts! Selbst der Nieselregen würde ihn wieder verwischen."
Lars schnaubte. „Hör endlich auf, so rum zu jammern! Wessen Schuld isses denn, dass wir den Mist kurz vor der Angst dran geklatscht haben?"
Klar! Jetzt war das auch noch mein Verdienst?!
Ich wollte Lars daran erinnern, dass ich es war, der alles ins Rollen gebracht hatte: die CSD-Anmeldung, das Organisieren des Lkws, dessen äußere Gestaltung sowie die großangelegte Spendensammlung im Freundeskreis. Wollte ihm mitteilen, dass ein vom Kurs abweichendes Sommergewitter, das alles kaputtmachte, auch nicht in meinen Plänen vorgesehen war. Außerdem hatten wir es im Vorfeld mehrfach besprochen: Um nicht im kunterbunten Express durchs Land zu tingeln, sollte der Re-

genbogen erst in Berlin angemalt werden.
Einmal Tapetenwechsel, einer von vielen sein. Seit Wochen hatte ich mich darauf gefreut. Unser handgemalter Regenbogen am Lkw-Heck sollte diesen besonderen Tag noch zusätzlich würdigen: Ein Symbol, welches wir alle zelebrierten. In einer feiernden Masse, der es egal war, wem man(n) das nächste Frühstück ans Bett brachte. Aber stattdessen grummelte ich dank Lars' spitzer Bemerkung zum Farbensalat nur wortlos vor mich hin.
Fast wären die grollenden Funken, passend zum dunklen Wolkensturm, auch zwischen uns hin und her geflogen. Doch kurz vor der Entladung kam unser strahlender Sonnenschein, Judith, angerannt. „Hey, Jungs! Seht ihr die süße Blondine da drüben? Die hat mir eben ihre Nummer zugesteckt." Wie zum Beweis streckte Judith triumphierend ihren Flirt-Jackpot in die Luft. Erst jetzt bemerkte sie unsere finsteren Gewittermienen und hielt augenblicklich inne. „Sorry, ich wollte hier keinen Reizkuchen anschneiden ... für euch finden wir selbstverständlich auch noch ein paar schmucke Kerlchen, versprochen!"
Keiner von uns Dreien sagte ein Wort. Ich deutete stumm zum – wie hatte ihn Thomas genannt? – total zerregneten Regenbogen, direkt vor ihrer Nase.
Bevor Judith etwas sagen konnte, holte ich tief Luft. „Ja, ich weiß: Sieht aus, als hätten sich sämtliche Teletubbies mit Karacho übergeben."
„Mensch, und ich hab gedacht, ich hätte ein paar Corona zu viel intus", kicherte sie. „Also, wie schaut's aus? Die Meute wird immer unruhiger – habt ihr bestimmt schon mitbekommen. Was soll ich denen sagen? Können sie hoch auf die Plattform?"
Die Zeit wurde knapp. So extrem knapp, dass ein Überpinseln nicht mehr zu schaffen war; selbst bei trockenem Wetter. Ich gab ihr ein mattes: „Okay."
Eine Stunde später rollte unser krachendvoller Lkw der buntgesprenkelten CSD-Karawane in Schrittgeschwindigkeit nach. Quer durch den Tiergarten, bei hartnäckiger Regenbegleitung. Thomas und Lars tanzten davon ungerührt mit unseren eingeladenen (und spontan hinzugekommenen) Gästen zu dem wummernden Beat der Musik. Nur ich stand inmitten des Spektakels und wollte einfach nicht in Party-Stimmung kommen.
Ich schaute zur feiernden Menschenmenge am Straßenrand, blickte nach hinten zu den abgedeckten Lautsprecherboxen und entdeckte Judith. Sie konnte ihre ‚süße Blondine' von vorhin gar nicht schnell genug wieder-

sehen. Engumschlungen winkten mir beide zu. Doch als Judith sah, wie ich ihnen nur schlaff zurückwinkte, gab sie ihrer Eroberung einen Kuss und drängelte sich durch die tanzenden Leiber, bis zu mir durch.
„Komm schon, Krieger. Nur einmal lächeln – für deine beste Freundin!"
Obwohl der Regen deutlich nachgelassen hatte, glich meine Stimme einem kalten Zittern: „Ich ... ich kann nicht ... unser Wagen ... Es sollte doch alles *perfekt* sein."
Judith merkte, wie sehr mir nach Trost zumute war. Still streichelte sie mir über den Rücken, während um uns herum alles hüpfte, jubelte und schrie. Eine kraftlose Träne kullerte über meine Wange und wurde von ihrem Daumen gestoppt. Ungewohnt ernst blickte sie mich an. „Weißt du was? Es ist egal, welcher Wagen der schönste ist. Heute zählt nur eins: das Leben genießen! Ist es nicht toll, dass wir das können ... *dürfen*? Also, bitte, bitte, mach mit!"
Unser Festwagen vollzog eine leichte Kurve und erst jetzt bemerkte ich, dass wir soeben die Siegessäule umkreisten. Das Wunder geschah. Als hätte die goldene Viktoria über unseren Köpfen persönlich den Befehl für schöneres Wetter gegeben, ließ sie mit ihrem emporgestreckten Kranz die Wolkendecke aufbrechen. Während die ersten vorsichtigen Sonnenstrahlen zu uns herunter tänzelten, bestaunte Judith den Himmel: „Schau mal! Ein Regenbogen."
Ich lächelte. „Ist der nicht perfekt?"

Jan Stechpalm
Entgegnung

Wem die Gegenwart zum Gegner wird
Dem ist jede Gegend zuwider
Und jedes Gegenüber übel zugegen
Und jeder Gegenstand steht dagegen.

Wem die Gegenwart zum Freund wird
Dem wird jede Gegend zur Mitte
Und jedes Gegenüber zum Fürst
Und jeder Gegenstand dient nur dafür.

Mann und Hund – ein wahres Märchen
Susann Scherschel-Peters

Es war einmal ein alter Mann, der lebte allein im Wald. Ein Krieg hatte dem Mann in jungen Jahren seine Angehörigen genommen. Durch eine grausame Krankheit hatte er vor wenigen Jahren seinen Sohn und seine Frau verloren. Nachdem er niemanden mehr hatte, zog er sich einsam in den Wald zurück. Dort baute er sich eine einfache Holzhütte. Er mied die Menschen und wurde zum Einsiedler.
Wenn er Hunger bekam, ging er im Wald jagen. Wenn er durstig war, trank er das klare Wasser aus dem Waldbach. Bei seinen Wanderungen durch den Wald sammelte er Beeren und Pilze.
Eines Tages fand er bei seinen Streifzügen durch den Wald einen herrenlosen Hund. Der Hund lag abgemagert und verletzt am Wegesrand. Der Mann empfand großes Mitleid mit dem Tier und trug den Hund zu sich nach Hause. Er kümmerte sich um das kranke Tier. Er wusch die Wunden aus, legte heilende Kräuter auf und verband die Verletzungen. Er gab ihm zu trinken und zu essen. Der Mann blieb an der Seite des Hundes, bis die Wunden verheilt waren. Als der Hund wieder bei Kräften war, teilte der Mann weiterhin seine Vorräte und alles andere mit ihm.
Der Hund war in kürzester Zeit nicht nur zum besonderen Freund des alten Mannes geworden, sondern auch zum einzigen Zuhörer und Weggefährten. Der Hund spürte, wie gern ihn der Mann hatte und wie einsam der Mann war. Und der Hund blieb zu jeder Zeit an der Seite des Mannes, auch nachdem er genesen war und begleitete ihn bei allem was er tat. So dankte der Hund dem Mann für seine Pflege und Freundschaft mit bedingungsloser Treue. Der alte Mann und der Hund gehörten seit dieser Zeit unzertrennlich zusammen.
Die beiden verbrachten viele glückliche Jahre miteinander. Die Jahreszeiten kamen und gingen. Der Frühling wurde zum strahlenden Sommer. Der Sommer ging über in den goldenen Herbst. Dem Herbst folgte der schneeweiße Winter. Der Winter endete und es erblühte der Frühling.
Es verging Jahr um Jahr, bis schließlich viele Jahre ins Land gegangen waren. Der Mann und der Hund wurden gemeinsam älter und grauer. Sie verbrachten gute und schlechte Zeiten miteinander. Und mit dem Alter erlebten und überstanden sie gemeinsam Krankheiten und Leid. Immer waren sie füreinander da und halfen einander – jeder auf seine Weise.

Eines Tages erwachte der Hund in der Hütte, doch der Mann lag unbeweglich in seinem Bett. Eine Hand lag schlaff auf der Bettdecke, die andere Hand des Mannes ruhte auf dem warmen Körper des Hundes. Der letzte Atemzug des Mannes war getan. Der Mann schien friedlich zu schlafen, dabei war sein allerletzter Seufzer schon vor Stunden verklungen. Das Herz des alten Mannes schlug nicht mehr. Der alte Mann war gestorben. Er war tot.

Dass der Mann tot war, wusste der Hund nicht, denn er war dem Tod nie zuvor begegnet. So blieb der Hund an der Seite des alten Mannes und wachte über ihn. Der Hund hatte großen Hunger und noch größeren Durst, doch er wollte zur Stelle sein, wenn sein Freund erwachte. Und so lag der Hund dicht an der Seite seines Freundes, um ihn zu wärmen. Tag um Tag und Nacht um Nacht wich er nicht von seiner Seite. Kein Hunger, kein Durst brachte ihn dazu, seinen Freund zu verlassen.

So kamen und gingen viele Tage und noch mehr Nächte, in denen der Hund stets an der Seite des verstorbenen Mannes blieb.

Nach mehreren Jahrzehnten fanden Wanderer zufällig den Weg zu dem Haus, der längst wild überwuchert war. Nach dieser langen Zeit sah das Haus nicht nur alt und baufällig aus, sondern glich einer Ruine. Die Fenster waren blind vom Staub der vergangenen Jahre. Die Farbe war längst von den Wänden abgeblättert. Umgeben war das verfallene Gemäuer von einem verwilderten Garten. Überall lagen Laub und trockenes Geäst. Und doch trieb die Wanderer ihre Neugierde zum Eingang der Hausruine. Gemeinsam öffneten sie sehr mühsam und nur mit der größten Kraftanstrengung die Tür zum Haus, traten vorsichtig ein und sahen sich um. Als sie die Skelette eines Mannes und eines Hundes erblickten, erschraken sie zunächst sehr. Doch der erste Schreck wich schnell einer besonderen Faszination, die der ungewöhnliche Anblick mit sich brachte. Die Hand des Mannes ruhte nach der langen Zeit immer noch auf dem Hund. Der Hund hatte selbst in seinen eigenen letzten Todesstunden den Mann nicht verlassen, sondern hoffnungsvoll und schützend zugleich seine Schnauze auf die Brust des Mannes gelegt, bis auch er gestorben war.

So fanden die Wanderer Mann und Hund nach vielen, vielen Jahren immer noch dicht beieinander. Skelett an Skelett, Knochen auf Knochen. Schließlich konnte einer der Wanderer der Versuchung nicht länger widerstehen. Er näherte sich den Überresten des Mannes und des Hundes. Und als er die beiden sehr vorsichtig und sanft berührte - verfielen sie sogleich zu feinstem Staub. So blieben Mann und Hund, auch über den Tod hinaus, vereint und in aufrichtiger, treuer Freundschaft verbunden – auf Dauer und für alle Zeit.

Simon Mihelic
Freunde fürs Leben

Viele wollen scheinbar dein Bestes,
dein Geld dafür du ausgibst,
Freunde sind selbstlos, wenn du sie testest,
wer dich wirklich mag und liebt.

Die Ehrlosen nutzen Herzensfreunde,
verprassen ihre Gelder über Masse,
statt dich zu entlohnen geben sie's den Leuten,
antworten dir, nichts zu haben in der Kasse.

Echte Freunde erweisen sich in der Not,
bist du reich und schön sind sie alle Dein,
sitzt du in der Klemme und brauchst Trost,
verbleiben dir die Echten treu zu sein.

Bist du ein erfolgsverwöhnter Sieger,
lernst du viele Leute kennen,
kämpfst du wie ein unbeugsamer Tiger,
werden sie dich als Gut-Freund benennen.

Willst du Freunde fürs Leben,
sei ehrlich und stets für sie da,
das ist ein Nehmen und Geben,
und sie bleiben dir niemals rar.

Clemens und Clementine
Ute Esther Barsley

„Heiliger Antonius, bitte für uns!", krächzte Clemens jeden Morgen um sechs Uhr. Feddersen konnte sich hundertprozentig auf seinen Papagei verlassen. Die Investition hatte sich gelohnt. Beide liebten ein wohlgeordnetes Leben. Sie standen jeden Tag zur gleichen Zeit auf, frühstückten zur gleichen Zeit, aßen um die gleiche Zeit zu Abend, sahen das gleiche Fernsehprogramm und gingen zur gleichen Zeit zu Bett. Nur wenn Feddersen das Haus verließ, um ins Büro zu gehen, blieb Clemens allein zu Hause. „Heiliger Antonius, bitte für uns!", krächzte er zum Abschied. Feddersen fühlte sich gestärkt für den ganzen Tag.
Jeden Tag abends um sechs Uhr machte er sich auf den gewohnten Heimweg, um sich auf Clemens zu freuen. Er hatte noch nicht die Wohnungstür erreicht, da krächzte ihm schon das vertraute „Heiliger Antonius, bitte für uns!", entgegen.
Eines Abends hatte Feddersen eine Idee, wie er sein Glück verstärken und seine Zukunft doppelt absichern könnte. Schließlich könnte Clemens krank werden, seine Stimme verlieren oder gar sterben. Diese Befürchtung behielt er aber für sich, um Clemens nicht zu kränken.
Am Tag darauf nach Büroschluss kaufte sich Feddersen im nächstgelegenen Uhrengeschäft eine Quarzuhr: eine Piaget Citeá, 18 kt. Gold, Swiss made, fünfzig Meter wasserdicht mit Zeitzonenfunktion und Antenne. Er taufte sie auf den Namen „Clementine". Das war er Clemens schuldig.
Als er Clementine bei Clemens vorstellte, beschwor er ihn. „Sei gut zu ihr, sie ist beinahe deine Namensschwester!"
Feddersen trug Clementine beim Duschen, Baden, beim Kochen, Geschirrspülen und Putzen, beim Einkaufen und im Büro. Zur Belohnung kaufte er ihr ein teures Haifisch-Lederband. „Ach, Clementine ...", sagte er und staunte, wie sie im prickelnden Tempo um sein Handgelenk tickte.
Clemens konnte sich nicht an Clementine gewöhnen. Es kränkte ihn, dass Feddersen nur noch Augen für sie hatte. Er ertrug es nicht, wie Clementine an Feddersen hing und ihm, Clemens, frech entgegen blitzte. Kurz: Er sann auf Rache.

Bald darauf ereilte Feddersen ein Ungemach. Ein Durchfall überfiel ihn so schlimm, dass er nicht mehr klar denken konnte. Er vergaß Clementine auf der Schlafzimmerkommode, während er ins Bad hastete.
Clemens sah seine Stunde gekommen. Wutentbrannt schoss er auf Clementine zu, packte sie mit seinen Krallen, würgte sie und zerrte sie über die Kommode. Sein Schnabel hackte mit aller Schärfe auf ihr Haifisch-Lederband ein und biss sich darin fest. Dann schleuderte er Clementine so lange durch die Luft, bis sie betäubt am Boden lag.
Nach einer halben Stunde schwankte Feddersen aus dem Bad. Er sah Clementine am Boden liegen. „Mein armes Kleines", hauchte er.
Clemens saß inzwischen friedlich auf der Gardinenstange und beobachtete die Situation. Er schickte sich sogar an, ein außerplanmäßiges Antonius-Gebet zu krächzen. Feddersen winkte ab.
Am nächsten Tag verließ Feddersen sein Büro wie gewohnt. Der Liftboy, der ihn zum Ausgang fuhr, sagte: „Pünktlich wie immer, Herr Feddersen."
„Stimmt, mein Junge!", erwiderte er und fühlte Verbundenheit mit Clementine.
Im Bus wechselte er wie immer abends viertel nach Sechs ein paar Worte mit dem Fahrer. „Schöner Abend heute!"
„Soll aber noch regnen", gab der Fahrer zurück. Feddersen nickte freundlich und stieg aus.
Ein Regen konnte ihm nichts anhaben. Clementine war wasserdicht.
„Nicht wahr, Liebes …?", versicherte er sich und fasste an sein Handgelenk. Nichts. Er durchsuchte seinen Arm. Nichts. Er krempelte alle Taschen um. Nichts. Er rief und lockte. Nichts. Clementine blieb verschollen.
Der Verlust von Clementine setzte Feddersens Zeitgefüge völlig außer Kraft. Er ging nicht, er rannte, um beim Heiligen Antonius Trost zu suchen.
Er hatte den Schlüssel an seiner Wohnungstür noch nicht ganz herumgedreht, da schrie ihm Clemens entgegen: „Wir sind Papst, wir sind Papst!"
Feddersen brach zusammen.

Mia Sorella
Marlies Strübbe-Tewes

Die Biologie meiner Eltern verwehrte mir leibliche Geschwister. Ich wuchs als Einzelkind auf, umgeben von fürsorglichen Erwachsenen, die alle ‚nur das Beste' für mich wollten. Ihre Zuwendungen und Besorgtheiten prasselten auf mich nieder wie die dicken Regentropfen eines Schauers im Frühsommer. Ständig war ich bemüht, die Nässe von mir abzuschütteln.
Als Kind unter Kindern lernte ich nicht meinen Egoismus zu zügeln.
Als Jugendlicher trotzte mein Dickkopf den Werten meines Elternhauses, und widersetzte sich zusätzlich dem Gruppengeist meiner Altersgenossen. Wie ein verlassener Wolf auf dem Felsvorsprung heulte ich einsam mein Lied des Unverstandenen.
Ich zählte bereits zur Gruppe der Erwachsenen als sich dies änderte. Es änderte sich durch eine wundervolle Begegnung und einen merkwürdigen Auftrag, den ich von einem Bekannten erhielt: Er hatte eine junge Frau kennengelernt, und ich sollte ihre Bekanntschaft machen. Ich sollte prüfen, ob sie zu ihm passen würde. Die Gründe, warum er ausgerechnet mich für eine solch wichtige Aufgabe auswählte, habe ich nicht erfahren. Die Besonderheit des Anliegens reizte mich, ich nahm den Auftrag an.
Ein Besuch an ihrem Arbeitsplatz wurde arrangiert. Ich setzte mich in mein Auto und fuhr los. Wie mochte sie sein? Wie würde sie aussehen? Was würde sie zu mir sagen, wenn ich kam? Was würde sie von mir denken, von ihm denken? Hatte er ihr gesagt, warum ich sie treffen wollte? Wie konnte ich mich nur auf so etwas einlassen?! Kribbelnde Nervosität zog in mir hoch, als ich meinen Wagen abstellte. Meine Gedanken drehten sich wie Figuren eines Karussells, als ich vor ihr stand.
Wir begrüßten uns, angespannt, erwartungsvoll. Ihre Mittagspause stand an. Wir verabredeten, ein kleines italienisches Restaurant aufzusuchen.
Sie lächelte und ich folgte ihr durch die belebte Geschäftshalle zum Fahrstuhl. Mit uns stieg eine ältere Dame ein, die uns mit musternden Blicken beobachtete. Auffällig prüfend wanderte ihr Blick von einem zum andern hin und her. Bewusst blickte ich an ihrem freundlich runden Gesicht vorbei. Endlich hielt der Aufzug. Die ältere Dame stieg als erste aus, ging ein paar Schritte, wandte sich aber dann unerwartet zu uns um. „Dass Sie beide Schwestern sind, das sieht man ganz deutlich!" In ihren Worten

schwang Wärme und Freude. Sie strahlte uns an und wünschte uns einen schönen Tag. Völlig verdutzt blickten wir einander an. Pause – langes Schweigen. Plötzlich, wie auf Kommando brachen wir gleichzeitig in schallendes Lachen aus.
In diesem Augenblick erhielt ich eine Schwester. Sie sorgte dafür, dass das Lied des einsamen Wolfes, des unverstandenen Egoisten, in mir verstummte. Sie wurde meine Vertraute, eine Vertraute, die an meiner Seite wacht. Liebevoll nenne ich sie ‚Mia Sorella', das klingt weich wie sanfte Wellen, Sorella, das ist Beständigkeit, Verbundenheit, Freundschaft.
Übrigens: Sie heiratete meinen Bekannten.

Bastian Jung
Gemeinsam

Zeig mir diese Gefühle,
die du sonst niemandem zeigst,
deine unentdeckten Träume,
weswegen du verloren schweigst.

Geh mit mir die Wege,
um das alles zu versteh´n
und gib mir dein Vertrauen,
mit der Wahrheit umzugeh´n.

Lass mich immer wieder,
in deinem Herz zu Hause sein,
ein Zimmer voller Liebe,
sei es auch nur winzig klein.

Der Platz in deinem Leben,
ist wie für mich gemacht,
ich wünsch mir eine Zukunft
und hab an dich gedacht.

Wie aus dem Nichts
(Für Sandra und alle, die dabei waren)

von Ronald Pacholski

„Psst, da kommt jemand. Haltet mal die Klappe!"
Maike flüsterte, während sie den Zeigefinger an die Lippen nahm. „Ich glaube, sie ist es!"
Eine Gebetsstille trat ein. Gemeinsam hielten sie den Atem an, Maike mit einem Schmollmund, Ina grinste, gemeinsam zählten alle die Sekunden. Helene unterbrach die seltsame Andacht. „Ich höre nichts, ist alles still."
Paul nahm die Hand vom Mund. „Blinder Alarm, auf ein Neues."
Maike zuckte die Schultern. „Trotzdem leise bleiben. Wenn Sara kommt, darf sie uns nicht hören."
„Ich schaue mal vom Balkon nach ihr." Ina schlich zur Tür.
„Den Kopf aber runter, und mach die Tür hinter dir zu, sonst sieht Sara, dass jemand in der Wohnung ist. Sie ist ja nicht blöd und außerdem, wie lange braucht sie vom Training bis hier?"
„Hängt davon ab, ob sie den Bus nimmt. Dann vielleicht eine halbe Stunde. Mit dem Fahrrad ist sie etwas schneller." Felix saß am Tisch und spielte mit dem Schlüsselbund, während er Maike antwortete. Sicherheitshalber wollte er auch die Wohnungstür von innen abschließen. So, als wäre niemand da. Nichts dem Zufall überlassen, bloß keinen Verdacht schöpfen. Doch noch war es nicht soweit.
Ina verschwand auf den Balkon. Es klingelte an der Tür.
Felix vernahm an der Gegensprechanlage die Stimme von Schwund. Er hieß bei allen ‚Schwund', doch keiner kannte den Grund. Schwund, der Freund von Conny, und sie mit Sara beim Kung Fu-Training, nahmen gleich drei Stufen auf einmal. Sein Atem rasselte, als er heranstürmte.
„Habe eben mit Conny telefoniert, das Training ging länger. Sie ist eben losgefahren und hofft, vor Sara hier zu sein."
„Kommt Sara mit dem Bus?" Felix sah seinen Kumpel an.
Der griff nach dem Handy. Sein Atem rasselte noch immer.
Der Plan mit Conny als Lockvogel war aufgegangen. Perfekt.
„Ist mit dem Fahrrad unterwegs." Schwund schob das Handy in die Tasche.
Felix' Handy läutete. Ninas Nummer. Von ihr wusste er, dass sie erst

später kommen konnte.
„Ich habe einen früheren Zug bekommen und suche Saras Adresse. Habe die Wegbeschreibung im Internet ausgedruckt, aber im Zug liegengelassen. Wo muss ich jetzt hin?"
Typisch Nina. Felix schüttelte den Kopf. Mit den Gedanken immer überall, aber den Kopf unter dem Arm. Dabei kam sie nicht zum ersten Mal zu Sara.
„Nina, sag mir nur, wo du bist."
„Warte mal. Hier ist so ein Handyladen. Hilft dir das weiter?"
„Wo ist denn der Handyladen?" Felix stöhnte.
„Bin am Bahnhof einfach losgelaufen und habe gedacht, ich rufe jetzt mal an."
„Nina, sage mir nur, in welcher Straße der Handyladen ist!" Felix raufte sich die Haare.
„Ach so, ja, warte mal." Schritte waren zu hören.
„Hier steht Königstraße."
Das war wenigstens eine Antwort. Felix atmete tief durch, denn in der Stadt gab es gefühlte tausend Handyläden und einer sah aus wie der andere.
„Dann bist du schon in der Nähe." Jetzt hieß es noch, ein blindes Huhn am Telefon erfolgreich in den Käfig zu lotsen. Er beschrieb den Weg und bat sie, aufzupassen, Sara nicht in die Arme zu laufen."
„Und?", fragte Maike.
„In fünfzehn Minuten ist Sara da", antwortete Felix.
„Hoffentlich kommt sie gleich heim und bleibt nicht im Schuhladen hängen. Gibt es auf dem Weg hierher einen?" Paul grinste bei seinen Worten und fügte hinzu: „Übrigens kann Ina ihren Posten auf dem Balkon verlassen, aber da kommt sie schon."
Ina schob ihre Mähne ins Zimmer. „Nichts von Sara zu sehen."
„Das wissen wir", antwortete ihr Freund Paul.
„Was soll das denn heißen?"
„Sie ist unterwegs, Viertelstunde noch."
„Und warum sagt mir das keiner?"
„Wollten wir eben, aber du warst schneller."
„Das ist nicht wahr, oder? Ich friere mir draußen den Arsch ab, und ihr sitzt im Warmen und habt euren Spaß."
„Dann ziehe deine Jacke an, mein Schatz. Die liegt aber unten im Auto auf dem Rücksitz. Kannst du dir dort holen."

„Danke, du mich auch." Mit der flachen Hand schlug Ina zu. Paul stöhnte auf.
Die Minuten vergingen, ehe es klingelte. Entweder Nina oder Conny. Hoffentlich Nina, wenn sie im Getümmel den Weg gefunden hat. Denn Conny fand die Wohnung auch so. Felix öffnete. Gott sei Dank, Nina. Sie war angekommen, eine Sorge weniger.
„Ich sehe nochmal nach Sara." Ina stürmte durch die Balkontür, ehe es wieder klingelte.
Das konnte nur Conny sein, und sie war es auch.
„Ich glaube, ich habe eben gesehen, dass Sara mit dem Rad um die Ecke …" Ina stürmte vom Balkon hinein. „Ich glaube, ich habe eben gesehen, dass Sara mit dem Rad um…"
„Das wissen wir", sagte Paul und begann schallend zu lachen. Danach lachten alle.
„Habe ich was Komisches gesagt? Und was soll das heißen, ihr wisst das schon?" Ohne abzuwarten, redete sie weiter. „Seid lieber still, sonst geht die Überraschung in die Hose."
Ina hatte Recht und Sara um Mitternacht ihren dreißigsten Geburtstag. Und da durfte nichts schief gehen.
Der Schlüssel drehte im Schloss, Schritte folgten. Für einen Moment war es totenstill. Wieder waren Schritte zu hören, dann ging die Wohnzimmertür auf.
„Üübbberraaaaasssscchhuunnngg!!!!!!!!!!!!"

Susanne Weinsanto

Eine Freundschaft braucht eine jede Frau, ein jeder Mann
Auch der, der denkt dass er ohne leben kann
Ohne Freundschaft das sage ich ganz schlicht
Da geht's in diesem Leben nicht
Doch wann ist eine Freundschaft echt?

Wann ist sie dann doch eher schlecht?
Woran kann man eine Freundschaft denn erkennen?
Nun, ich möchte ein paar Gründe nennen:
Ein guter Freund ist der, der niemals lacht
Auch wenn man hat mal wieder Mist gemacht
Ein guter Freund der hilft Dir eher dann
Und fragt Dich „Wann kann ich Dir helfen? Wann?"
Außerdem kannst Du ihn holen nachts auch aus dem Bett
Vielleicht findet er das sogar nett
Weil er sich freut, dass du ihn kommst besuchen
Und ihr esst dann in der Nacht noch einen Kuchen
Ein Freund dem kannst Du alles sagen
Dich mit ihm freuen, oder Dich auch einmal beklagen
In einer Freundschaft kann der Tag auch werden zu ner Nacht
Und umgekehrt natürlich auch, wer hätte das gedacht.
Oft sind zwei Freunde wie zusammen eine Seele
Einer spürt es wenn den andren was wohl quäle
Das Telefon, das klingelt ziemlich schrill
Schon weißt Du, dass Dein Freund was will
Grad in dem Moment da hast Du eben auch an ihn gedacht
Ob ihr mal wieder was zusammen macht
Ein Freund, das will ich hier verkünden
Verzeiht dir auch so gut wie alle Deine Sünden
Lässt Du den Freund mal lange Zeit im Stich
Und meldest dich gar Jahre nich'
Dann ist die Freundschaft nicht zu Ende
Ein Anruf und schon kommt die Wende
Doch trotzdem sollst Du Freundschaften auch pflegen
Dazu gehört dann auch das hegen
Denn, Du glaubst es sicher kaum
Freundschaft kann auch sein gar wie ein Baum
Wenn Du vergisst sie mal zu gießen
Dann kann das die Freundschaft schon vermiesen
Drum gibt auf Deine Freunde immer schön auch acht
Damit von Dir und Freunden oft das Herzlein lacht

Was zählt
Melanie Scharley

Mit einem tiefen Seufzer ließ Marie sich auf die Bank fallen. Hier im Park fühlte sie sich eigentlich immer sofort besser, egal wie stressig und furchtbar der Tag auch sein mochte. Doch heute... heute war der Abschuss. Nicht einmal ihr Lieblingsplatz konnte daran etwas ändern.
Gedankenverloren starrte sie vor sich hin. Was sollte sie tun? Ihr ganzes Leben war zerstört worden, und das an nur einem Tag. Schutzsuchend umklammerte sie ihre braune Lederhandtasche, die sie so sehr mochte. Ihr Freund hatte sie ihr zum dritten Jahrestag ihrer Beziehung geschenkt. Und dann hatte dieser Feigling heute – per SMS – mit ihr Schluss gemacht. Und überhaupt, was sollte das heißen, er müsse erst mal zu sich selbst finden. Schwachsinn. All die letzten Jahre hatte er sich doch auch gefunden gehabt. Oder hatte sie mit einem Geist zusammen gelebt? Und da der Tag mit solch einem Ereignis ja noch nicht schlimm genug war, hatte ihr Chef ihr vorhin eröffnet, dass ihr Zeitvertrag aus ‚wirtschaftlichen Gründen' nicht verlängert wurde. Grandios. Verlassen und arbeitslos. Was sollte sie nur mit diesem Scherbenhaufen anfangen?
Plötzlich bemerkte sie im Augenwinkel eine Bewegung. Erschrocken fuhr sie herum und blickte in zwei dunkle, warme Augen. Neben ihr saß ein kleines Mädchen und starrte sie unverhohlen an.
„Du Augen nass", sagte sie in gebrochenem Deutsch.
„Bitte?" Marie blinzelte verwirrt und da erst bemerkte sie, dass ihr Tränen die Wangen hinunter gelaufen waren.
„Du Augen nass. Meine Mama auch immer Augen nass."
Verstohlen wischte sich Marie die Tränen weg. Hoffentlich war ihr Gesicht jetzt nicht vom Make-up verschmiert.
„Du auch eine Mama?", wollte das Mädchen wissen.
„Nein, ich bin keine Mama", antwortete Marie, als eine aufgeregte Frau auf das Kind zueilte.
„Nicht Leute belästigen!", schimpfte die Frau in ebenso gebrochenem Deutsch.
„Kein Problem", sagte Marie und versuchte ein Lächeln, das jedoch sehr gezwungen aussah.
„Woher kommen Sie denn?", wollte Marie wissen und merkte erst nach-

dem sie die Frage ausgesprochen hatte, dass die Fremde ihr diese vielleicht übel nehmen könnte. Doch dem war nicht so.
Stattdessen wechselte die Frau in nahezu perfektes Englisch. „Wir kommen aus dem Jemen. Ich bin Ayla."
„Marie", entgegnete sie. „Setzen Sie sich doch." Noch einmal fuhr sie sich mit der Hand über das noch feuchte Gesicht und rutschte ein Stückchen zur Seite.
Ayla setzte sich auf die Bank, ihre Tochter, die zu Marie aufgerückt war, in der Mitte. „Wir sind noch nicht lange hier", erklärte Ayla. „Wir mussten von Zuhause fliehen."
Auf einmal waren Maries Sorgen vergessen. Wie gebannt war sie von der fremden Frau und was sie wohl für eine Geschichte hatte.
„Was ist denn passiert?"
„Mein Mann ... er wurde verhaftet. Er ist Journalist und hat sich gegen die Regierung geäußert. Ich habe ihm gesagt, dass er vorsichtig sein soll und dass wir ihn brauchen." Tränen stahlen sich in ihre Augen.
Das kleine Mädchen kletterte seiner Mutter auf den Schoß, schaute ihr ins Gesicht und sagte: „Augen nass."
„Nein, nein. Schon gut, meine Kleine. Mama geht es gut." Ayla schluckte. „Wir haben auf meinen Mann gewartet und gehofft bis die Nachricht kam, dass er im Gefängnis ist. Als seine Familie sind wir auch in Gefahr. Deshalb hat uns meine Schwiegermutter weggeschickt. Wir mussten unser Haus verkaufen, um die Flucht zu bezahlen. Und jetzt sind wir hier."
„Das klingt ja furchtbar."
„Ja, und das Schlimmste ist, dass wir bis jetzt noch keine Nachricht von Zuhause haben. Wir warten schon einen Monat. Ich habe solche Angst. Auch um unsere Freunde, die zurückbleiben mussten. Hier geht es uns zwar besser, aber ich habe so viel Zeit zum Nachdenken." Traurig senkte sie den Blick.
„Sie würden gerne arbeiten, stimmt's?"
„Ja, egal was."
Kurz kehrte Stille ein.
„Wir müssen dann los. Essen kochen, nicht wahr mein Schatz?", wandte sich Ayla an ihre Tochter.
„Au ja", rief sie und sprang auf.
„Es war schön mit Ihnen zu reden. Mir fehlen meine Freunde. Das war das erste nette Gespräch, seit ich hier in Deutschland bin. Die meisten sind zwar freundlich, aber ich komme mir irgendwie so geduldet vor."

Ayla lächelte schüchtern. „Vielleicht sehen wir uns wieder." Sie stand auf und nahm das Mädchen an die Hand.
„Bis bald", entgegnete Marie und winkte zum Abschied. Dann packte sie ihre Tasche, stand ebenfalls auf und ging in die entgegengesetzte Richtung. Was für eine starke Frau. Bewundernswert! Im Gegensatz zu ihr hatte sie wirkliche Probleme. Sie selbst konnte ja arbeiten, sie würde schon etwas Neues finden. Schließlich war sie jung, hatte schon ein wenig Erfahrung und gute Referenzen. Und einen Mann brauchte sie sowieso nicht. Dann lieber keinen als einen, um dessen Leben man sich sorgen musste.
Abrupt drehte sie sich um und rannte Ayla und ihrer Tochter nach. Sie wusste, dass sie nicht viel für sie tun konnte, bis auf eine Sache: ihnen das Gefühl zu geben, willkommen zu sein.
„Ayla?", rief sie. „Darf ich deine Freundin sein?"

Freundschaft
Philipp Studer

Es war Nacht. Erik sah zum Himmel empor und beobachtete die Sterne. Vor Milliarden Jahren hatte es vielleicht einen Urknall gegeben. Und später Ursuppe, Dinosaurier, Neandertaler...
Irgendeinmal, in Milliarden von Jahren, würde die Sonne erlöschen. Erik überlegte. Was machte er hier auf der Erde? War er nur ein Traumtänzer? Sein Leben war so kurz im Vergleich mit der Entstehung des Weltalls. War nach dem Tod alles fertig oder ging es weiter? Was war wichtig in diesem kurzen Leben? Freundschaft? Erik schaute nochmals zu den Sternen empor. Dann ging er heim. Es war Nacht.
Am nächsten Tag nahm er den ersten TGV nach Frankreich. Der Zug beschleunigte. Er genoss den Geschwindigkeitsrausch. Gerne wäre er mit einem Raumschiff ins All geflogen. Aber dazu fehlte ihm momentan das Geld. In Frankreich spielte er Lotto. Würde er gewinnen?
In der nächsten Nacht blickte er wieder zu den Sternen empor. Da sah er eine Sternschnuppe.

> Es sind die **Begegnungen** mit *Menschen*, die das **Leben** lebenswert machen.
> [Guy de Maupassant]

Gabriele Franke
Für Pia

Bin voller Freude
dir begegnet zu sein -
mag dein Lachen

Dein Augenrollen
begleitet spritziger Humor
erfrischende Ehrlichkeit

Du sprühst Funken
in Regenbogenfarben
lässt sie überlaufen

Knipst das Licht an
in vernebelten Kurven
zeichnest Möglichkeiten

Bist ein großes Herz
Zuckerguss und Lebkuchen
liebevoll und bunt

Der kleine Ball
Elfie Nadolny

Ein kleiner Ball wurde als einer von vielen Bällen in einer großen Fabrik geboren. Es gab unzählige dieser kleinen Bälle und einer glich dem anderen. Der kleine Ball sah sie an, aber er konnte kein Lebenszeichen erkennen, niemand sprach mit ihm, niemand schien mit ihm spielen zu wollen, er fühlte sich unter seinesgleichen unendlich verloren.
Eines Tages kamen alle Bälle auf einen großen Lastwagen und er hörte, wie die großen Wesen mit den zwei Beinen darüber sprachen, dass er und seine Familie in große Geschäfte verladen werden sollten. Was sie damit meinten, war ihm nicht klar, jedenfalls machte ihm das Angst und er fragte seine Brüder: „Habt ihr auch Angst?" Aber ihre Antwort war nur Schweigen. Hatten sie denn alle keine Gefühle? Hatten sie keine Sinne, keine Augen, keine Ohren, kein Gespür, nichts? War er der einzige Ball, der denken, reden und fühlen konnte?
Dann kam der Moment, als alle auf einen großen Wagen geladen wurden. Wohin es ging, konnte er nicht ausmachen, denn alles war dunkel um ihn herum, er war eingesperrt in einem Gefährt, was sich scheinbar sehr schnell fortbewegte. Und plötzlich hielt dieses unheimliche Ding, was die Zweibeiner LKW nannten, an. Er hörte, wie sie sagten: „Lasst uns eine Rast machen." Die Türe wurde kurz aufgerissen und das war der Moment für den kleinen Ball. Er dachte sich: „Egal, was passiert, ich muss hier raus." Er rollte sich blitzschnell aus der unheimlichen Gefangenschaft.
Er hatte sich die Welt und die Menschen in seinen Träumen so schön vorgestellt, eigentlich war er noch ein Ball-Kind, wenn er auch mit einer Intelligenz ausgestattet war, die für seinesgleichen unüblich war. „Spielen möchte ich, mit Kindern spielen", dachte er.
Um sich herum vernahm er schrille Geräusche, gleißendes Licht, alles um ihn war hektisch und fremd. Doch versuchte er es: „Komm, spiel mit mir!", sagte er leise zu einem Passanten, der eilig seines Weges ging.
Aber dieser stieß ihn ärgerlich von sich. Dennoch merkte der kleine Ball, dass er rollen und hüpfen konnte, aber er stellte sich seine Aufgabe fröhlicher und behutsamer vor. Plötzlich hörte er einen unangenehmen Kraftausdruck. Er verstand den Ausdruck nicht, spürte nur, er war nicht schön,

danach vernahm er noch: „Da hat man es schon so eilig und da fliegt einem noch so ein blödes Ding entgegen." Und dann spürte er einen Tritt, der sehr weh tat, er flog in eine Ecke. So begann ein Spiel, das seine schlimmsten Vorstellungen übertraf. Er wurde getreten und geschleudert, mit Verachtung übersät. Er spürte, wie er immer schmutziger und verletzter wurde, sein Glanz schien dahin zu sein und sein Traum auch: Der Traum zu spielen und der Traum, anderen zur Freude geboren zu sein, schien unwirklich.

Als er so traurig in der Ecke lag und dachte, dass sein Dasein umsonst sei und er nur eine Kreatur wäre, die man verkaufen oder verspotten konnte, bemerkte er auf einmal eine kleine Hand. Es war die Hand eines Jungen mit blonden Locken und wenn der Ball auch nicht wusste, warum er die Gabe hatte, er konnte verstehen, was der Kleine sagte. Waren es dessen Worte? War es sein Herz? Der kleine Ball verstand. Das Kind sprach: „Was bist du für ein schöner Ball. Warum liegst du so herum? Komm, lass uns spielen." Behutsam wurde er aufgehoben. Irgendwas in ihm sagte: „Ich brauche keine Angst mehr haben" und so ließ sich der kleine Ball tragen.

„Komm", hörte er die freundliche Stimme: „Hier ist es nicht schön, wir gehen zu Feldern und Wäldern, dort werden wir spielen." Wie in Trance ließ der Ball alles mit sich geschehen.

Auf einmal sah er etwas so Wunderschönes, wie er noch nie erlebt hatte und hörte die Stimme des Knaben: „Siehst du, hier sind Felder und Blumen, die Sonne scheint, es ist Ruhe, niemand hastet und hetzt, hier wollen wir spielen." Und der Junge ließ den kleinen Ball einen Hügel hinunterrollen. Erst rollte er langsam, dann schneller, schneller und schneller. Er war in einem Glückstaumel. Schnelligkeit war nun keine Hast, sie war Ausdruck des überschäumenden Glücks. Und das Kind lief hinter ihm her und lachte, sein Lachen erinnerte an kleine silberhelle Glöckchen. Als sie im Tale ankamen, waren beide aus der Puste, aber sie waren glücklich. Der Junge nahm den Ball behutsam in seine Arme.

Und dann sahen sie kleine Mädchen Blumen pflücken. „Spielt ihr mit uns?", fragte der Junge. Die Mädchen kicherten erst verlegen, aber dann willigten sie ein. Nun begann ein fröhliches Spiel. Der Ball wurde von Hand zu Hand geworfen und hörte fröhliches Lachen. Er bemerkte seine Bestimmung und sah sein Glück vor dem geistigen Auge.

Nachdem sie eine Weile gespielt hatten, sprach sein kleiner Freund: „Ich

nehme den kleinen Ball mit und werde ihn erst einmal schön sauber machen. Spielen wir morgen wieder zusammen?"
Die Mädchen waren einverstanden und das war der Beginn einer wunderbaren Freundschaft.

Anita Menger
Danke

Danke für die starken Hände,
die ihr helfend mir gereicht.
Dass ihr auch in schweren Zeiten
nicht von meiner Seite weicht.

Danke für das warme Lächeln,
das mich hier Willkommen heißt.
Für die, wenn auch bittre, Wahrheit,
die den rechten Weg mir weist.

Danke für so viele Dinge,
die ich kaum benennen kann.
Für den Frohsinn und das Lachen,
auch für Tränen – dann und wann.

Dafür, dass ich euch gefunden
dank ich Gott in stillen Stunden.

Edelgunde Eidtner
Rosen

Eine Rose für unsere
Lange Freundschaft
Mit Dankbarkeit und Treue
In Freude und Leid
Berührende Worte
In Prosa und Poesie
Gemeinsame Ideen
Gedankenaustausch
Träumerei vom Mond
Heimatverbunden
Gleiches Geburtsdatum
Ein schöner Zufall
Rote Mohnblüten
Schmücken unseren
Wonnemonat Mai
Liebe zur Natur
Eine sprudelnde Quelle
Immer ein Auftanken
Für kleine Glücksmomente
Eine Rose soll dich
Als Dank berühren

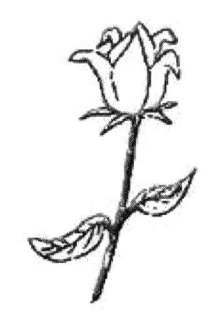

Betti Fichtl
Freundschaft

Fremdartige Klänge
über den Ozean
mischen sich
in pendelnde Worte.

Wir -
und Du
im fernöstlichen Fluidum
entführst
uns als Zaungäste
in Tausend und eine Nacht.

Und reichst
die Schalen
der Freundschaft.

Hildegard Kühne
Zum ersten Mal

Sie sah ihn zum ersten Mal,
wusste gleich was in ihr geschah.
Für ihn war sie die erste Wahl,
Zuneigung war einfach da.

Entdeckten Gemeinsamkeiten,
ließen von Gefühlen sich leiten.
Konnten so viele Späße machen
auch über sich selbst lachen.

Sie hatten verschiedene Themen,
jeder konnte so viel entnehmen.
Einer wusste was der andre dachte,
woraus ein Feuer entfachte.

Diese Freundschaft sich vertiefte,
jedoch keiner sich verliebte.
Sind in Verbindung jeden Tag,
als Freunde wie es jeder mag.

Meine Lieblinge
Ein Gedicht von Marcel Strömer

Meine wahren Freunde
leben entfernt von mir
jeder in seinem Exil
jeder kämpft um sein Leben
hier die Wahrheit
mit ihr beginnt das Wachsen der Erde

Meine wahren Freunde
sind auf der Reise
Flucht durch fremde Länder
Flucht vor unbekannten Seelen
dort die Lüge
mit ihr fällt Regen, Tränen der Erde

So wächst diese Welt im Suchen
solange die Sonne noch scheint
wird es immer wieder einen Platz geben
wo ich meine Lieblinge treffen werde

Tod oder Leben?
Sylvia Retter

Sie stand vor dem Baum in ihrem alten Peugeot voller Kratzer und Dellen.
War es Liebe oder doch nur der Wunsch gebraucht zu werden?
Der Unterschied ist schwierig zu erkennen.
Und doch stand sie jetzt vor diesem Baum und konnte sich keinen Zentimeter bewegen.
Der Schnee hatte sie gestoppt.
Es waren tausende Gedanken, die ihr durch den Kopf gingen und jeder davon fühlte sich an wie ein mächtiger Peitschenhieb auf ihrem Rücken.
Der Schmerz breitete sich bis zu ihrer Stirn aus und ließ sie nun vor Erschöpfung zusammensinken.
Es lag im ganzen Tal schon seit Tagen kein Schnee mehr, doch sie hatte zufällig die einzige Stelle gefunden.
Das Auto öffnete sich, sie stieg aus, starrte den Baum an und dann weiter hinein in den Wald.
Laute erlösende Schreie tönten durch dieses verlassene Stück Land.
Sie merkte wie sich mit ihnen auch ihre Gedanken lösten, die davor festzusitzen schienen.
Der ganze Schmerz bekam nun ein Gesicht und sie brüllte sich ihre Antworten, nach denen sie suchte, aus dem Leib.
Es war wie das Leben selbst, dass ihr in diesem Moment zwar nicht in seiner schönsten Gestalt aber in vollem Ausmaß gegenüber trat und sie erinnerte, was es heißt spüren, atmen und fühlen zu können, ein Herz zu haben und dieses laut hinauszuschreien.

Befreiend und doch ein Zeichen für die Härte, die es bedarf,
wenn man das Privileg besitzt, hier zu sein.

Daniela Metzner

**Gespürtes Glück
(Vertrauen)**

Leises Ahnen, dass ich bei Dir Ufer finde,
Sichere Wärme, die ich jetzt schon empfinde.

Noch sind es Nebel, die vorsichtig spielen,
Neugier in Blicken, Gefühle erzielen.

Sachte ertasten meine Segel den Wind,
Fahren Wasser, die die eines Kindes schon sind.

Du bist den Wellen meiner Stürme begegnet,
zärtlich hast Du ihnen Deine Strände entgegnet.

Und wie Muscheln dort sanft in den Sand gewunden,
so durfte ich bei Dir das Land der Tiefe erkunden.

Nicht, dass die Meere ohne Winde sind,
so mahntest Du mich,
oder dass Navigation möglich sei ohne das Lot.

Doch in lebendiger Sprache
zeigtest Du mir – von neuem – ganz weich,
wieder fröhlich zu leben und zu lieben zugleich.

Erdacht
Andrea Rokyta

Claudia starrte gedankenverloren aus dem Fenster ihrer Wohnung. Unten war ein kleiner Spielplatz, auf dem sich ein paar Kinder tummelten, aber das nasskalte Wetter wirkte wenig einladend. Es war Mittwoch und Claudia hatte keine Ahnung, was sie mit dem angebrochenen Abend anfangen sollte. Erst vor kurzem hatte sie einen Job in einer Agentur ergattert und war nach Wien gezogen, wo sie so gut wie niemanden kannte. Die Agentur hatte gerade damit begonnen, ein Fernsehstudio nachzubauen, und Claudia war mit der Innenausstattung betraut. Eine spannendere Aufgabe konnte sie sich kaum vorstellen.
Doch womit Claudia nicht gerechnet hatte, war die Einsamkeit. Ihre Kollegen waren alle älter als sie; die meisten hatten Familie und zogen abends nicht mehr um die Häuser. In Niederösterreich hatte sie viele Freunde gehabt, aber hier in der Großstadt kam Claudia sich verlassen vor. Alles war anonym, so unpersönlich. Wie sollte sie es anstellen, neue Leute kennenzulernen?
Die Tage vergingen, ohne dass Claudia Bekanntschaften machte.
Die meisten Abende verbrachte sie vor dem Fernseher, denn sie hatte keine Lust, alleine auszugehen.
Am Wochenende nahm sie einen Zug am nahen Westbahnhof und fuhr heim zu ihrer Familie. Claudia wartete jedes Mal darauf - endlich konnte sie wieder soziale Kontakte pflegen! Leider hatten ihre Freunde wenig Interesse daran, sie in Wien zu besuchen. Nur ihre beste Freundin aus Kindertagen kam vorbei, um Claudias Wohnung zu besichtigen.
Mit der Zeit ertappte sich Claudia bei Tagträumen. In ihrer Fantasie hatte sie einen Freund namens Vincent - ein hagerer Typ mit einer filigranen Brille, die ständig auf seiner Nase nach unten rutschte. Vincent meldete sich immer spontan bei Claudia. Er hatte tausend Ideen, was sie unternehmen konnten. Ideen, auf die Claudia von selbst nie gekommen wäre.
Einmal wollte er ins Kabarett gehen, dann einen Kochkurs besuchen. Vincent war unberechenbar.
Plötzlich begann Claudia die Zeitschriften genauer zu studieren. Welche Veranstaltungen gab es, und worauf hätte Vincent wohl Lust? Da war eine Fotoausstellung mit Bildern aus Tibet. Claudia war noch nie in Tibet gewesen, aber sie stellte es sich schön vor. Lass' uns gehen, ermutigte sie

Vincent, es wird dir gefallen! Claudia gefiel es tatsächlich, wie Vincent vorhergesagt hatte.

Die Abende, die sie zu Hause verbrachte, wurden immer seltener. Während Claudia nun neue Wege erkundete, blieb Vincent ein fixer Bestandteil ihres Lebens. Nicht, dass sie jemandem davon erzählt hätte. Aber sie mochte die Vorstellung, einen Freund zu haben.

Eines Abends, als Claudia das Büro verließ, prallte sie im Erdgeschoß mit einem jungen Mann zusammen. Er hatte sein Fahrrad rückwärts aus einem Abstellraum geschoben und dabei gar nicht bemerkt, dass jemand aus dem Fahrstuhl gestiegen war. Es war ihm sichtlich peinlich, Claudias weiße Hose mit dem Hinterreifen seines Drahtesels beschmutzt zu haben.

„Das tut mir furchtbar leid", versicherte er ihr mit hochrotem Kopf. „Ich habe vor mich hin geträumt und nicht richtig aufgepasst."

„Das macht nichts", meinte Claudia. „Erzähl' mir doch, wovon du geträumt hast."

Für einen Augenblick herrschte Stille.

„Von einem Ausflug mit dem Segelboot", sagte er schließlich.

Claudia lächelte. Noch so ein Tagträumer. „Wohin fährst du jetzt", erkundigte sie sich, „an die Alte Donau vielleicht?"

Ihr Gesprächspartner schüttelte den Kopf. „Nein, heute nicht. Ich möchte zu ‚Rund um die Burg', diesem Lesefest vor dem Burgtheater."

Ein Lesefest! Das klang interessant. Der junge Mann schien es in ihren Augen zu lesen. „Komm' doch mit!", sagte er ohne Umschweife.

Was, jetzt gleich? So spontan ließ sich Claudia normalerweise nicht auf Dinge ein. Außer wenn Vincent mal wieder mit der Tür ins Haus fiel. Der Gedanke an Vincent ließ sie schmunzeln. Dankend nahm sie die Einladung an.

Claudia bereute ihren Entschluss nicht. Philipp schien sehr nett zu sein; er studierte Germanistik und kannte sich mit Literatur aus. Gemeinsam lauschten sie den Autoren, die aus ihren Werken vorlasen.

Schon bald meldete sich Philipp bei Claudia, um neue Unternehmungen zu vereinbaren. Sie verabredeten sich zum Laufen, einem Cocktailabend und zum Besuch einer Kinovorstellung. Es ließ sich nicht leugnen, dass Philipp zunehmend Vincents Platz eingenommen hatte. Nur manchmal, wenn Claudia an einem Museum oder an einem Theater vorbeiging, sah sie Vincent vor sich, mit seiner filigranen Brille, die er wieder einmal zurechtrücken musste. Er sah traurig aus - fast so, als vermisste er sie.

In den nächsten Tagen dachte Claudia viel über Vincent nach. Er war ihr sehr ans Herz gewachsen, doch es machte ihr Sorgen, welche zentrale Rolle er in ihrem Leben einnahm. Sie wollte richtige Freunde haben, die nicht nur in ihrer Vorstellung existierten.
Schweren Herzens verfasste sie einen Abschiedsbrief. Danke für alles, was du für mich getan hast, schrieb sie. Du warst mein Begleiter in ein neues Leben.

Anna Bochmann
Vier Freunde

Du bist die allerbeste Freundin mir.
Danke für jeden Tag mit und bei dir.
Du hältst zu mir, was immer auch passiert,
bist da, wenn für mich alles Sinn verliert.

Freundschaft muss nicht auf viel Zeit aufbauen,
viel wichtiger ist doch das Vertrauen:
Danke für deinen väterlichen Rat,
der mir schon manches Mal geholfen hat.

Mit dir hab ich auch nicht viel Zeit verbracht.
Schienst mein Schutzengel in der schlimmen Nacht.
Schämte mich meiner Tränen oft vor dir,
doch unsere Gespräche merkt' ich mir.

Und schließlich DU, der Vierte im Bunde,
mein Retter in der dunkelsten Stunde.
Der Freund, dem meine tiefste Liebe galt,
der, dessen Wort stets in mir widerhallt.

Stephanie Werner
Freundschaft ist, wenn du...

mich zum Lachen bringst
wenn ich weine
in schlechten Zeiten
für mich da bist
meine Launen
stillschweigend erträgst
meine Fehler
großzügig verzeihst
Geheimnisse
für dich behältst
ergänzt
was ich vergesse
verstehst
ohne zu fragen
mich nimmst
so wie ich bin

Freundschaft ist
wenn du mich besser kennst
als ich mich selbst

Durch Begegnungen mit Menschen erfahren wir den Wert des Lebens.

Florian Brunner

Für die Michi

Bei ihrer Geburt hörte man die Englein singen,
sie wird vielen Menschen Freude bringen.
In ihren Äugelein spiegelt sich der Sinn des Lebens,
des Liebens, des Lachens, des Vergebens.

Heut ist sie das schönste Mädel im Bayernland,
Herz und Verstand gehen Hand in Hand.
Sie ist der wunderbarste Mensch in unserem Leben,
jeden Fehltritt kann man ihr vergeben.

Geradeaus, ehrlich, sie lässt sich nicht verbiegen,
sie gibt sich nicht mit Mittelmaß zufrieden.
Sie ist unser aller Sonnenschein an Regentagen,
unser guter Engel in allen Lebenslagen.

Reife Frau und doch unschuldig Kind geblieben,
ist und bleibt sie die Michi, wie wir sie alle lieben.
Sie ist ein Geschenk des Himmels an die Welt,
wertvoller als Juwelen, Diamanten oder Geld.